EU・ジャパンフェスト日本委員会◎編
根本長兵衛◎監修

グローバル化で文化はどうなる？

The Role of Culture in an Age of Advancing Globalization : EU-Japan Dialogue on Culture

【日本とヨーロッパの対話】

加藤周一　Shuichi Kato
B・ティビ　Bassam Tibi
E・モラン　Edgar Morin
辻井　喬　Takashi Tsujii
筑紫哲也　Tetsuya Chikushi
K・アハム　Karl Acham
平田オリザ　Oriza Hirata
黒崎政男　Masao Kurosaki
M・コンデ　Maryse Conde
三浦信孝　Nobutaka Miura
イ・ヨンスク　Lee Yeounsuk
四方田犬彦　Inuhiko Yomota
J-M・フロドン　Jean-Michel Frodon
M・フェダーマン　Mark Federman
服部　桂　Katsura Hattori
柏木　博　Hiroshi Kashiwagi

藤原書店

目次

はじめに……EU・ジャパンフェスト日本委員会 事務局長 古木修治 009

第一部

〈講演Ⅰ〉「アメリカ化」で問われる日欧のアイデンティティ……（評論家）加藤周一 013
日欧協力の可能性──「戦争と平和」、南北格差、医療・環境問題／近代化モデルとしての欧米と戦後の米国中心主義／グローバル化と無限に拡大する資本主義／情報や文化の商品化とその功罪／大衆文化の個別性とエリート文化の普遍性／医学・自然科学における普遍性／文化相対主義を脱して普遍的な価値を目指すこと／個別性への固執から生まれる芸術的普遍性

〈講演Ⅱ〉ヨーロッパとイスラム グローバル化と文化の細分化のはざまで……（国際政治学者）バッサム・ティビ 031
ヨーロッパ文明に対するイスラムからの挑戦／「ヨーロッパのイスラム化」と「イスラムのヨーロッパ化」／「道具的理性」の浸透と「文化の細分化」／政治的イスラム（イスラム原理主義）の「半近代性」／世界のイスラム化の拒否と「ユーロ・イスラム」の提唱

〈講演Ⅲ〉「越境する文化」の時代をむかえた地球……（思想家）エドガー・モラン 053
複数の「グローバル化」現象／「越境する文化」とは何か／産業化される文化──「生産」と「創造」の葛藤／地球のフォークロア／文化の独自性を守りながら、雑種性・混淆を促すこと／地球全体の「越境する文化」への参画

〈講演Ⅳ〉日本におけるグローバリズムの諸相……（作家）辻井 喬 073
グローバリズムの受け取り方の多元性／日本におけるグローバリズム／アジアにおけるグローバリズム──伝統と近代の二重構造／グローバリズムに対する新たな視点──近代国家の枠組みを超えて

〈座談会〉

「内面の崩壊」か、「新しい価値の創造」 デジタル時代の芸術の役割 …… 087

（司会） 筑紫哲也

■問題提起 …… 088

東西のはざまにある人間として …… （国際政治学者） バッサム・ティビ 091

「善悪」という二項対立からの脱出 …… （社会学者） カール・アハム 095

「差異が大事なんだ」という芸術家 …… （劇作家） 平田オリザ 098

デジタル時代の「内面の崩壊」 …… （哲学／メディア論研究家） 黒崎政男 104

諸外国と異なる日本の文化状況 …… （文化／メセナ研究家） 根本長兵衛 112

■討論 …… 117

効率は人間生活にプラスかマイナスか／日本の近代化——価値体系を変革したのか／人間にとってのスピード／「西洋に追いつけ追い越せ」の意味／イスラム世界における価値の問題／一神教的世界と多神教的世界／インターネット時代の演劇／ユビキタス社会は来るのか

第二部

分科会Ⅰ　異文化交流と言語の創造力

（司会）三浦信孝　134

■基調講演　139

予告された死の記録　カリブ海文学とグローバル化　（作家）マリーズ・コンデ

カリブ海はどこにある？／「内なる国」の崩壊／ナショナリティの消滅／クレオール語で書くべきか？／真正さの呪縛

■問題提起　151

クレオール語における「再構造化」と「再主体化」　（社会言語学者）イ・ヨンスク　153

言語のはざまの二人の映画作家　（映画論／比較文化研究家）四方田犬彦　160

多言語主義演劇は可能か　（劇作家）平田オリザ　167

文化相対主義と文化普遍主義　（社会学者）カール・アハム　174

■討論　178

伝統や起源に戻るのではなく……／文学的カニバリズム／言語教育と芸術家の役割／言語と階級／「故郷」の終わり？／グローバル経済と伝統文化／相互理解か誤解か

分科会II

情報のデジタル化と文化の将来

（司会）黒崎政男 …… 192

■基調講演

映画の危機？　グローバル化・デジタル化と映像芸術の関係 ……（映画批評家）ジャン＝ミシェル・フロドン 195

国家とグローバル化／産業時代の芸術としての映画／映画とテクノロジー／映画のクリティカルな立場／表象と現実の間／他者との絆と距離を取り戻す／グローバル化に抗う立場

■問題提起 …… 208

グローバル・ヴィレッジの文化的パラドクス（メディア論研究家）マーク・フェダーマン 211

マクルーハンで読み解くデジタル・メディア ……（ジャーナリスト）服部　桂 220

イメージ言語の時代 ……（デザイン評論家）柏木　博 229

■討論 …… 236

人間は魚ではない？／インタラクティブな映画館／衰退するものと回復するもの／電子テクノロジーと聖なるもの／確固たる主体という虚構

総括

グローバル化で文化はどうなる？

――日本とヨーロッパの対話

はじめに

　本書は、二〇〇三年二月十、十一両日に東京・千駄ヶ谷の津田ホールで開かれた国際シンポジウム「グローバル化で文化はどうなる？――文化を巡る日欧の対話」（ＥＵ・ジャパンフェスト日本委員会主催）の記録である。世界語となったグローバリゼーションをテーマにするシンポジウムの開催や本の出版はいまや汗牛充棟の感があるが、そのほとんどは経済・金融、国際政治を扱ったもので、文化に問題を絞ったグローバル化論議――しかも二日間にわたる徹底討論――の記録出版はほかに例がないと言っても過言ではあるまい。

　このシンポジウムは、一九九三年以来、非営利任意団体として日欧の芸術文化交流を支援してきたＥＵ・ジャパンフェスト日本委員会によって創立十周年の記念事業として企画・開催された。ＥＵには加盟国が毎年、持ち回りで開催する芸術文化事業、「欧州文化首都」という制度があり、同委員会はこの「欧州文化首都」からの協力要請に基づいて、日本のアーティスト、芸術団体を欧州に派遣、交流する仕事と取り組んできた。今回のシンポジウムの開催にあたっては、プログラムディレクター根本長兵衛氏を中心に一年以上前から企画立案を進め、ことに辻井喬、平田オリザ、黒崎政男、三浦信孝の四氏には計画委員になっていただいて会合を重ね、講演者、パネリストの人選、分科会のテーマやメンバーについて入念な検討をおこなった。

シンポジウムは日欧、韓国、カナダの知識人・文化人計一七名が参加するという大規模なものになった。二日間の討議では、ＩＴ革命の影響、「越境する文化」の相互浸透の問題などが多角的に論じられたばかりでなく、日欧対話の枠をこえて「世界の中の日本」の文化状況があらためて浮き彫りにされた。

今般、藤原書店のご協力を得て、ユニークで野心的なこの文化シンポジウムの全記録が刊行の運びとなったことは望外の喜びである。ようやくわが国でも、景気回復論議だけでなく日本再生の大きな契機として、芸術や文化の意義や、その社会的役割を見直す空気が強まろうとしている。本書が「文化立国」を目指して努力を重ねてこられた方々の有効な武器として役立つことを願っている。

ＥＵ・ジャパンフェスト日本委員会

事務局長　**古木修治**

第一部

講演Ⅰ

「アメリカ化」で問われる日欧のアイデンティティ

加藤周一（評論家）

かとう・しゅういち

評論家、作家。1919年東京生まれ。東京帝国大学医学部卒業。フランス留学の後、医業と文学活動に従事するが、1958年以降は文筆業に専念。「西洋」と「東洋」、「過去」と「現在」のメディエータとして、幅広い学識と鋭い洞察力に基づくその発言は国内外から注目され、世界各地の大学で教壇に立つ経験も数多い。元上智大学教授。七か国語に翻訳された『日本文学史序説』（第7回大沸次郎賞を受賞）をはじめ、主な著作は『加藤周一著作集』（全24巻）に収録されている。

今日のシンポジウムの中心的な話題の一つは日本とヨーロッパの文化的交流についてですが、私はまず日本とヨーロッパの関係、そしてグローバル化と文化の関係についてお話ししたいと思います。日本とヨーロッパとの距離は、それをどういう水準で観察するかによって違います。第一に政治的・軍事的な水準、次に経済的な水準があり、これはグローバル化と密接な関係にあります。そして、われわれの主題は文化の水準に関わる問題です。

日欧協力の可能性——「戦争と平和」、南北格差、医療・環境問題

政治的・軍事的な水準では、現在共通の問題が日本とヨーロッパ諸国との間にあると思います。それは言うまでもなく「戦争と平和」です。あるいは日本国憲法が使っている言葉に従えば、「国際的紛争を解決するために武力に訴えるか訴えないか」という問題です。日本とヨーロッパで繰り返しおこなわれたあらゆる世論調査によれば、多数の意見は武力解決をしないほうがよいというものです。いま迫っているのはもちろんイラクの問題ですが、それを解決するために武力を使わないほうがよいというのが多数です。しかし、各国政府の態度は必ずしもそうではない。アメリカは圧倒的な軍事力をもち、なるべく早い時期に武力で問題を解決したいという傾向を強く示していますが、ヨーロッパでは軍事力に訴えるという圧力に抵抗しています。日本政府は抵抗していません。しかし、強く賛成し

ているのでもなく、態度がはっきりしていない状態です。日本はヨーロッパと共通の問題を抱えているわけで、ヨーロッパが取るイニシアティブになるべく協力したほうがよいと私は考えていますが、日本の中にはそう考えない人もかなりいるようです。日本をはじめ、かなりの国で非常にはっきりとしていることは、政府と世論との間に意見の食い違いがあることで、その違いはますます大きくなる傾向にあります。そうしたことが昨今のイラク問題の特徴です。（米英中心の連合軍によるイラク攻撃は、本シンポジウムからほぼ四〇日後の三月二十日に始まった。）

ヨーロッパでは武力による解決に対する抵抗が強く出ており、ことにドイツとフランスははっきりしています。日本はそれほどでもない。しかし、戦後の対外的態度において、ヨーロッパは原則として武力を排除しているわけではありません。いまイラクに対して武力を使うことは適当でないと言っているのであって、一般的に武力の使用に反対しているわけではない。日本国憲法が平和憲法といわれるのは、武力による国際紛争の解決を排除しているからで、武力を排除していないヨーロッパとは違います。日本のほうが原理は強く、戦争反対に傾いています。しかし、日本政府が取っている態度にはこの原理との食い違いがあって、実際にはヨーロッパのほうが、戦争反対を強く打ち出しているというねじれがあります。日本の原則はヨーロッパより強い。実際の行動はヨーロッパより弱い。このねじれの問題を解決しながらお互いの協力が可能ならば、それが望ましいと思います。

次に経済問題です。経済の領域では、ヨーロッパもアメリカも含めて、もっとも大きな問題は南北格差だと思います。経済的状況はいろいろ変わってきましたが、大雑把に言って二十世紀の後半から二十一世紀のはじめにかけて、北側では経済的発展が目覚しく、南側では遅い。その格差は広がらないにせよ、縮まってはいない。地域や指標の違いはありますが、とにかく南北格差問題があります。それは他の政治問題や経済問題にも関係しています。この領域では日本とヨーロッパが協力すべきことが多くあり、現にある程度は協力し合っています。また、環境問題、薬、伝染病の予防、教育などの問題ではヨーロッパと日本の協力はいまも進行していますし、これからもするでしょう。たとえば、国連における衛生・医学問題での協定や京都会議で出された二酸化炭素の排出コントロールの問題では、日本とヨーロッパは非常に協力しました。医療の問題でも紛争地域での「国境なき医師団」の活動がフランスで始まり、日本の医師も協力しています。このように経済的領域と同様に社会的領域でも日欧の密接な関係があります。

近代化モデルとしての欧米と戦後の米国中心主義

ところが、文化的な領域については圧倒的にヨーロッパとアメリカのほうが近い。これも一種のねじれです。日本はアメリカからもヨーロッパからも遠いところにあります。日常的習慣や社会的制度に関してもそうですし、もっと複雑な問題でも同じことが言えます。いちばん基本的なのは言うまでもなく言語です。北米ではカナダのケベックを除けば英語が話されています。ヨーロッパの言語もたくさんありますが、大部分はインド・ヨーロッパ系言語でたいへん近いわけです。日本語はまったく違う言語ですから、言葉の上からも日本は非常に離れています。歴史的に見ると、一八六八年以前の日本は中国および朝鮮半島の文化と非常に近かった。日本はあらゆる文化の領域にわたって知識や技術を輸入しましたから、当然その関係は密接なわけです。しかし、日本から中国への技術の輸出はかなり限られていました。文化的水準という言葉を使えば、古代の何世紀にもわたって中国と日本の文化の間には非常な懸隔があり、文化は中国から日本には流れるけれども、日本から中国に流れない。たとえば、日本には言語の表記法がなかったのに対し、中国では何世紀も前から大きな文献がすでに成立していました。

一八六八年つまり明治維新以降、日本と近代化モデルとしての欧米との距離は近くなりました。アジアのすべての国に欧米の文化の影響は及んでいますが、たいていは直接の植民地主義を媒介として、宗主国の文化が植民地の中に流れ込んだものです。言語の点でも非常に明確で、インドでは英語、インドシナではフランス語というように、言語は植民地主義と密接にからんでいました。インドシナではフランス語を通して見たヨーロッパであり、インドでは英語を通して見たヨーロッパでありました。しかし、日本だけは例外でした。なぜなら直接には植民地化されなかったからです。日本にはたくさんの国のたくさんの言語を媒介として欧米の影響が及んだ――それが一九四五年までの日本の状況で、また、アジアにおける日本の対欧米関係の大きな特徴です。医学や法学はドイツ語を通じて入ってきましたし、芸術や文学ではフランスの影響が強く、ロシアの影響もありました。科学、工業技術については英国、ドイツ、アメリカの影響がありました。日本では押し付けられたのではなく、先生を自分で選んだのです。留学生を海外へ送ったり、また教授を招聘したりして、誰から、どこの国から何を学ぶかについて、日本側のイニシアティブにおいて選択したと言ってよいでしょう。そして、その選択はたいてい間違ってはいなかった。たとえば、海軍の技術を英国から、陸軍の技術をドイツから学び、十九世紀の絵画はフランスから学びました。それらの国々はいずれも当時の世界の中心地でありました。

音楽をドイツで学んで、絵画をフランスで学んできた態度が一九四五年以降はアメリカ一本になります。たしかに、すべての領域においてアメリカが非常にすぐれていました。私はアメリカの戦争政策には強く反対しています。しかし、客観的に言って四五年以降の絵画の中心は間違いなくニューヨークだろうと考えています。音楽でも新しい運動はアメリカで起こってきました。それはアメリカの実力です。しかし、それだけではありません。植民地化ではありませんが、日本はアメリカの占領下にありましたから、意味を拡大すれば、アメリカは日本の宗主国のような存在だったのです。戦前、日本はさまざまな国から優れたものを学びましたが、戦後は宗主国の文化に結びつき、米国中心主義に変わったわけです。しかし、アメリカがすべての文化において秀でているかとなれば、必ずしもそうではないでしょう。文化の領域は複雑です。

グローバル化と無限に拡大する資本主義

グローバル化は文化にも強い影響を及ぼしています。グローバル化自体は資本主義の本質的な性質の表れだとも思います。資本主義の圧倒的な特徴は無限ということで、どれだけ儲ければよいということはなく、無限に発展を目指し、それを進歩、発展、そして拡大といった言葉で表現するのです。市場を拡張し、利益を拡大するということにおいては限度がなく、本来的にその構造は無限に向かっており、それゆえグローバル化に向かうわけです。十五世紀、ヴェネツィアの東方貿易は南ヨーロッパを中心としてインドの一部までに限られていましたが、十五世紀末にアメリカが発見された後は中国、オーストラリアまで世界貿易の範囲が広がりました。世界経済に巻き込まれるというのは穏やかな表現ですが、先進工業国の英国、フランス、そして後にはアメリカ、ドイツ、ロシアや日本が加わって、必要あれば武力を使っての経済的拡大と支配がおこなわれたということです。

十六世紀以降、植民地帝国主義が台頭し、拡大していきました。二十世紀、とくに第二次大戦後、その傾向をコントロールするための国際協定が生まれます。それはＧＡＴＴ（関税および貿易に関する一般協定）からＷＴＯ（世界貿易機関）、世界銀行へと向かう道のりで、地球全体を組み込みながら多国籍企業が世界市場を支配するようになりました。ただし、多国籍企業の本拠地はアフリカにも南米にもなく、すべて北半球の先進工業国に存在しています。WTOはGATTの延長上にあるもので、その背景には自由市場で関税によるコントロールを排除しようとする思想があります。不満が起こるのは南半球です。一九九九年十二月、シアトルで開催されたWTOの会議は激しいプロテスト運動によって流産しました。誰がプロテストしたかといえば、ほとんどが第三世界、南の人たちです。彼らはこのままでは南北格差が強化されるということに対してはっきりとプロテストしたのです。しかし、いくら言ってもWTOは聞かず、新聞やテレビもその意見を取り上げないから、やや暴力的な手段に訴え、抗議したのがシアトル事件と言えるでしょう。この事件はグローバル化のなかで発生しました。

市場という問題もあります。自由市場の拡大によって、経済を中心にしたグローバル化が進み、経済的に強い国が弱い国を支配するという傾向があります。自由競争は弱肉強食ですから、原則として強いものが勝つというのは市場の特徴の一つで、取り引きするものはすべて商品化するという特徴もあります。ジャガイモ、オレンジ、自動車といった「物」だけでなく、労働力や情報も市場で商品化されるのです。労働力の商品化がどういうことを意味するかは十九世紀にマルクスが詳しく論じましたが、二十世紀になってチャップリンがより大衆的に、誰にでもわかるように印象的に映画で表現ました。『モダンタイムズ』ではベルトコンベヤーで働く労働者が描かれ、それ以前にフランスのルネ・クレールも同様の映画を製作し、量産の工場で働く人間の姿を描きました。いずれも中心的な問題はマルクスが言ったように「労働力の商品化」です。その意味で、一人の人間は工場の中に入ったら商品という資格においてはジャガイモと同じなのです。彼にもプライス・タグがついています。工場だけでなく、あらゆる組織でも同じことが言えます。大学の先生にもプライス・タグがついていて、先生たちのコンヴィニエンスストアは学会です（笑）。これはもちろん深刻な問題で文化にも大きな影響を与えています。

情報や文化の商品化とその功罪

ＩＴ革命などといわれる情報の問題もあります。情報もＩＴ革命の中で商品化され、そこにもよい面と悪い面があります。よい面とは、そのおかげで音楽、建築、絵画など、さまざまな文化財が大衆の手に届くものになったことです。この点で高度な技術を利用した市場経済が貢献したことは明らかです。文化の程度が全体的に上がることになり、そのこと自体はよいことでしょう。しかし、これを有効におこなうためには資本が必要で、さらに独占の傾向を生み、独占が進めば支配になります。大きな政治権力や企業が市場を支配するようになります。文化にも強く影響してきます。文化財が商品化されて市場で売られるようになると、売って儲ける行為で影響力があるのが大組織です。したがって、文化財も大組織の影響下に入ることになります。これは必ずしも望ましくありません。このように情報化にも二面性があり、それはグローバル化が文化に及ぼす影響の大きな部分だと思います。

科学技術の発達がグローバル化の手段となって、地球を狭くし、人間とモノの交通が容易になり、情報の流通が発達しました。どこでも通用するような文化財が容易に手に入ることは素晴らしいことですが、同じようなものばかり配給されるので、グローバル化の傾向が強くなればなるほど、本来、地域によって違う文化は押さえつけられ、統一化の方向に進みます。まずテクノロジーの特性があり、それによって強力な組織が彼らの意見を押し出すことにより統一化・普遍性に向かい、地域の文化の個性や個別性は次第に犠牲になるわけです。

大衆文化の個別性とエリート文化の普遍性

文化の問題は複雑ですから、すべてをお話しできません。そこで、第一に大衆文化、第二に私が研究室などで経験した医学や生物学のこと、三番目として私の現在の仕事である芸術や歴史について、具体的な問題を取り上げてお話ししようと思います。

まず、大衆文化はよい点と悪い点を含んでいます。よい点は文化を大衆に手の届くようにするアクセスを作ったこと。悪い点はものごとを単純化し、刺激を強くすることで大衆に訴えることです。

日本には朝食にご飯やのりを食べる習慣がありますが、この大衆的文化の伝統は外国の影響で容易に変わることはありません。英国とフランスの間のドーバー海峡の幅は泳いで渡る人がいるほど狭いのですが、何世紀経ってもそれぞれの朝食の習慣は変わりません。英国ではポーリッジ（かゆ）、トースト、ハドック（タラの一種）などを朝食で食べますが、大陸では簡単な朝食を摂るのが常で、英国流の朝食を食べさせるホテルはフランスには私の知る限りほとんどありません。こうした朝食の大衆文化はドーバー海峡を越えないのです。しかし、シェイクスピアは越えました。エリートの文化は、その質が高ければ高いほど海峡を越えて遠くまで行きましたが、ポーリッジは越えない。英国式朝食の個別性とシェイクスピアの普遍性との間にあるのが文化の問題です。

世界史上、はじめて本当に国境を越えた大衆文化はアメリカの文化です。なぜアメリカ文化が国境を越えたかというと、二つの理由があります。第一の理由はテクノロジーが先進的に発達し、文化財の商品化がもっとも進んだのがアメリカだったということです。よい点悪い点を含め、文化財を商品化し、商品が市場で売られ、市場の拡大とともに大衆文化が広まりました。それほど強力なテクノロジーと資本の力は、歴史上どこにも存在しなかったのです。過去最大の世界帝国は英国でしたが、いまのアメリカほどではありませんでした。

第二の理由として、アメリカは本質的に異文化、異民族の集合体ですから、そこでの大衆文化は皆に受入れられなければならない。したがって、文化が国境を越えることは何でもありません。カリフォルニアに行けば日本文化を継承している人がかなりいます。そういう人たちに売る商品は日本本国でも売れるに決まっているのでしょう。それが現代の大衆文化の特徴です。アメリカの影響が強いので、国際化はすなわちアメリカ化になることが多く、その功罪相半ばすることになります。

医学・自然科学における普遍性

次に、医学の問題を取り上げたいと思います。生物学と結びついた医学は、自然科学と技術が結びついた典型的な場合の一つです。その特徴は普遍性で、医学的な知識はその文化的・歴史的背景に関係なく通用します。たとえば、化膿菌に対して抗生物質を使うと大部分は治癒します。老若男女、人種を問わず、感染に対して抗生物質を投与すれば、誰に対しても有効に効果が現れるわけで、その意味で医学は普遍的なのです。また、知識は進歩するものです。第二次大戦前は抗生物質はなく、ペニシリンの登場も戦後になってのことです。中国の医学の歴史は三千年以上もありますが、その間、感染症に対する抗生物質の効果は明らかにされませんでした。

研究者は価値を考えずに自由な研究をおこないます。医者にとって、病気を治すということ以外の目的は何もありません。その意味でアメリカの学者が「value free」という言葉を使ったように、「価値から自由」なのです。知識が普遍的なだけでなく、知識を獲得するための方法論も一定で普遍的です。誰でもその方法を用いれば知識を獲得することができるというわけです。十九世紀の終わりに生理学者クロード・ベルナールの『実験医学序説』という本が出ましたが、そこに書いてあることは誰でも使えます。こうした医学の研究はヨーロッパから起こり、他の国々がそれを採用したのです。日本の医学も、西洋の医学を日本流の医学にしたのではない。そこははっきりしておく必要があります。日本流の医学というものはなく――技術はありますが――普遍的な方法をもった学問としての日本流の医学というものはありません。

公衆衛生面で申し上げれば、ヨーロッパの歴史において、コレラ、ペストなどの伝染病が戦争よりはるかに多くの生命を奪いました。それを克服する方法は公衆衛生です。どんな工夫をしようと、いかなる経験があろうと、細菌学なくしては公衆衛生に解決はありません。こうした状況から考えると医学があったほうがよいに決まっています。しかし、一方で困ることもあります。生物兵器や人種改良的なクローン人間を作ることも技術的に可能になってきており、これでは明らかに医学の弊害の方が大きくなります。生物兵器は人を殺すもので、人間を救うための学問的知識が人間を殺すために使われるわけです。このように医学は善悪の両面を持っています。一方、どちらとも言えないこともあります。人工流産、安楽死などの問題については意見が分かれていて難しい問題です。ですから、医学については、明らかに有益、明らかに有害、そして、どちらであるかわからないという三つの局面があり、そして、わからないことが世の中に多いのが現状です。

医学について、最後にひと言だけ付け加えたいと思います。第二次大戦後、分子レベルの遺伝子学の研究が進み、それに続いて脳の生理解剖学が発達し、神経細胞の体系である脳の構造と機能について詳細な研究が進展中です。脳生理学とは、どのように人間の感情が動き、知能が機能するかということの生理解剖学的背景の研究に他なりません。脳細胞は物質ですから明らかに自然界に属し、自然界に属するものの構造と機能は自然の法則に従います。自然の法則は圧倒的な多数の場合において原因結果論的な働き方をしますが、その場合、自由はどうなるか。自由の上に多くの価値は成り立っています。人権の筆頭は自由です。刑法が機能するのは、犯罪が自由な裁断に基づいておこなわれた場合で、強制されたり、当人が無意識状態にあったりしたときの犯罪は罰せられることはない。ですから、自由であることはとても大事なことです。法的な意味で犯罪が成立するためにも、人間が創造的な仕事で活動するためにも、自由は大いに必要なのです。しかし、自由は重大な問題を孕み、脳の研究と関連していま新たな局面をむかえています。ここではその内容に立ち入らず、医学や生物学の発展が人間の概念そのものをゆさぶる可能性を含んでいることだけを指摘しておきます。

文化相対主義を脱して普遍的な価値を目指すこと

世の中はグローバル化の影響もあり多文化になっていきます。しかし、すべての文化が平等の資格で横並びしていてヒエラルキーを持ち込めないという考え方は、文化相対主義に陥るでしょう。地域的に違う文化はいずれかが特に強いということではないという立場に立てば、地域的な相対主義になります。時間的な視点を取れば歴史的な相対主義になります。中世の文化といまの文化は違いますが、どちらも同じ資格で平等に並んでいると見なせば相対主義に陥るのです。ところが、人間は相対主義を貫いて暮らしてはいけないでしょう。そこで、相対主義からどうやって抜け出すのかという問題になります。やり方は三つあると思います。

まず、「三教一致」という考え方があり、これは中国では仏教と儒教と道教が究極的には同じ価値に支えられているのだという考え方で、互いに喧嘩することはありません。相対主義でもなく、それぞれが支持する価値を信じていけばよいのです。日本に入ってくると道教が落ちて、仏教と儒教と神道の三つの教えが究極的に一致するということになりました。神仏習合の理論も日本式三教一致を前提としています。すべての宗教は最終的に一点に帰するのですから相対主義を心配することはないということになります。過去数十年、ヨーロッパのキリスト教が強く主張してきたエキュメニズムは東方教会と西方教会との話し合い、東方教会のなかでもカトリックとプロテスタントとの話し合いで統一に向かう運動のことで、結局は東洋での三教一致の考え方に似ています。

第二の考え方はカントです。三教一致に対して彼は懐疑的で、宗教から離れても承認できる、文化と歴史に超越的で動かない倫理的原理があるとする考えを提示しました。十八世紀に彼は「理性」に基づいてその考え方を提示しましたが、それは極度にものごとを抽象化することでした。カントは倫理的な価値が歴史や社会に超越して貫徹する原理として存在すると主張しましたが、具体的な内容については言及しませんでした。

第三の道は正反対に、「私はこう思う」というたいへん個人的な立場です。これは普遍性の主張ではありません。ただし、自分自身は自らが信じる価値が普遍的であるかのように行動する。これは「かのように」の哲学というもので、日本では二十世紀になってから森鴎外が主張しました。この哲学は「私が信じているこの価値は普遍的ではないが、私はあたかもそれが普遍的であるかのように行動するしかない」という考え方です。

この意味で言えば、個人的な私の考え方は「生命の尊重」です。脳神経生理学では、脳がなければ思想も価値もありません。人間の死をもってすべてが終わることになります。あらゆる価値判断の前提は、人間が生きていることで、その前提が破綻するとすべての価値体系が崩壊します。だから、「生命の尊重」をもっとも基本的な、もっとも普遍性の高い価値と考えるのです。

個別性への固執から生まれる芸術的普遍性

倫理的価値でもなく宗教的価値でもない、もう一つの価値があります。それは芸術や文学のことですが、それに関連して一つだけきわめて逆説的なことを申し上げます。価値の個別性と普遍性についてです。芸術的表現は個別性に徹すれば徹するほど普遍性を獲得する、あるいは芸術における価値の普遍性は、個別的な価値が強調され、個別性のなかへの浸透が深ければ深いほど、それを通じて成り立つものだということです。具体的な例を二つだけ挙げましょう。一つは日本の富岡鉄斎（一八三六―一九二四）という画家です。幕末、明治、大正を生き抜いた彼は、水墨を使った文人画の技法で伝統的な題材を伝統的に描き、西洋画の影響をまったく受けませんでした。彼はほとんど時代錯誤的な伝統主義者で、日本絵画の個別性に徹底的に固執しました。そうして近代日本絵画の中でもっとも普遍的な表現に達したと思われます。もう一つの例は、イタリアの画家ジョルジョ・モランディ（一八九〇―一九六四）の場合です。机の上に置かれたガラスや陶磁器の瓶を油彩で描き続けた彼はほとんど旅行することなく、ボローニャとその近郊の山の中で一生を過ごしましたが、イタリアの現代絵画を代表する作家となりました。なぜならば、彼はボローニャの自宅のテーブルの上に置かれた瓶のなかに世界を見たからです。もし机の上の瓶の内に世界を見ることができなければ、どこへ行ったとしても見ることはできません。これは芸術家の言う最後の言葉です。たとえば、セザンヌのリンゴに仕掛けがあるのではなく、セザンヌに仕掛けがある。リンゴの中に絵画革命が見えなければ永久に見えないのです。こうしてモランディと鉄斎は交流します。出発点では交流などあり得ません。モランディは日本のことなど何も知りませんし、鉄斎もイタリアのモランディの存在を知りませんでした。しかし、最後の段階に達した二人はそこで互いに理解しあったはずです。これこそが芸術における究極の国際交流のあり方だろうと私は思います。

講演 II

ヨーロッパとイスラム

グローバル化と文化の細分化のはざまで

バッサム・ティビ（国際政治学者）

Bassam Tibi

ゲッティンゲン大学政治学研究所教授。1944年シリアのダマスカス生まれ。大学卒業後ドイツに移り、フランクフルト、ハンブルク両大学で博士号と教授資格を取得。現在ゲッティンゲン大学で国際関係論を講じるかたわら、毎年ハーバード大学でも教壇に立つ。米国だけでなく、トルコ、イスラエルからも客員教授として招かれるイスラム研究の第一人者。国際関係論の分野で文化・文明の解釈を基盤にした独自の研究を続け、最近は「ユーロ・イスラム」論を展開。著書は多く、13か国で翻訳出版されている。

最初に個人的なことを少し申し上げます。私はEUの市民ですが、シリアのダマスカスに生まれました。イスラム教徒、ムスリムです。中東という地域が、アジアでは「西アジア」とも呼ばれるとうかがいましたので、西アジア人であると言ってもよいのでしょう。私のように、アジアからヨーロッパに移り住み、まったく異なる宗教的・文化的背景をもちながらヨーロッパの価値観を共有しているEU市民というのは、ヨーロッパが新たに獲得しつつある特質です。

これからグローバル化と価値の問題、アイデンティティの問題について、ヨーロッパとイスラムの関係を軸にお話ししていこうと思います。イスラムの問題を取り上げるのは、私がムスリムであり、イスラムが私の研究テーマであるというだけでなく、ヨーロッパのアイデンティティは、アジアからの移民の時代をむかえ、とりわけイスラム移民の増加によって、変わってきているという事実があるからです。

一九九八年、ストックホルムが欧州文化首都（九頁参照）として企画したレクチャーに招かれて「イスラムとヨーロッパの関係」について講演したことがございます。また、二〇〇一年にもロッテルダムで欧州文化首都記念講演として「ヨーロッパにおけるイスラム原理主義」について話をする機会を得ました。このように、ヨーロッパではイスラムとの関係をどのように築いていくのかという問題に大きな関心が寄せられつつあります。これは、イスラム系移民の継続的な増加により、ヨーロッパの人口構成が変化し、その文化にもアイデンティティにも影響をもたらしつつあるということの証左でもあります。

ヨーロッパ文明に対するイスラムからの挑戦

九・一一の同時多発テロ事件から世界は「重大な警告」を受け取ったのでしょうか。エドワード・サイードなどは「狂気のテロリスト集団によって引き起こされた犯罪にすぎない」と主張しますが、まったく誤った見方です。あるいは、九・一一は富める者に対する貧しい者からの反撃である、すなわち不公平な形で進行する経済のグローバル化に対する反抗であるという解釈もよく耳にします。しかし、私は問題はより根深いところにあると考えています。九・一一は西洋の価値観に対する文明的な挑戦だったのであり、同時に西洋の文明としての危機が指摘されました。そこで、私は文明をどうとらえるかという問題から出発したいと思います。

九・一一のちょうど一年後、ジャカルタで「グローバルな文明にむかって」と銘打った大きな会議が開かれました。私はそこで基調講演をさせていただいたのですが、冒頭で「グローバルな文明などあり得ない」と申しました。私の考えでは、世界には複数の文明が共存し、それぞれの文明のうちに多様な地域文化が存在するものです。諸文明の平和的共存は実現できるかもしれませんが、グローバルな文明、世界的に統一された文明という考えは幻想にすぎません。

文化人類学者クリフォード・ギアーツも指摘しているとおり、『『意味』は文化的なものであり、人類の歴史は『意味』を社会的に作り出してきた歴史」[★1]です。「意味」は一つの地域文化を形成し、複数の類似した地域文化が世界観を共有して文明となるのです。イスラム文明も多様な文化を擁しており、たとえば、国民の八五％がムスリムであるインドネシアのイスラム・コミュニティには三百以上の地域文化が存在しますが、すべてイスラム文明に含まれます。私はムスリムですから、インドネシアでは「外国人」とは見られませんが、インドネシアの地域文化を共有しているわけではない。このように、文明的な統一性と文化の多様性は同時に成立するものです。ヨーロッパ文明についても同じことで、スウェーデンとシチリアでは文化背景はかなり異なりますが、それでもやはりシチリア人とスウェーデン人には共有するものがあり、等しくヨーロッパ人であるというわけです。

ところで、西欧とその文明の歴史を考える際、大まかに二つに分ける必要があります。まず、シャルルマーニュ（カール）大帝時代のヨーロッパの成立から十六世紀初頭のルネサンス期まで。この時期は「キリスト教文明圏」としてのヨーロッパです。シャルルマーニュは「ヨーロッパの父」とみなされますが、アンリ・ピレンヌというベルギーの歴史学者が「モハメッドなくしてシャルルマーニュはあり得なかった」[★2]と指摘するように、イスラムの挑戦（ジハード）が西ローマ帝国の衰退をもたらし、地中海域での支配を終わらせ、結果的にシャルルマーニュの台頭とヨーロッパの成立を促しました。その後、イスラム的なヘレニズムを介してルネサンスが起こり、より世俗的で非宗教的な文明の「西洋文明圏」として自立し、今日に至っています。このように、ヨーロッパが「キリスト教文明圏」として、また非宗教的な「西洋文明圏」として成立するに際して、イスラムはいつも大きな意味を持ち、直接的・間接的に関わっていたのでした。今日のイスラムと西欧との関係はかくの如く深く長い歴史的背景を有しているわけです。

グローバル化をある一つの世界観に基づいて世界全体を再構築することだと解釈するならば、イスラムの拡大主義もグローバル化の挑戦でした。イスラムの拡大主義は七世紀から十六世紀初頭まで続きます。結果として、イスラムの史上初のグローバル化の試みは挫折し、西洋によるグローバル化が成就することになります。「キリスト教文明圏」としてのヨーロッパにはグローバル化の意図は見当たりません。十字軍の目的地はあくまでエルサレムで、日本や中国にまで進出しようとする試みはありませんでした。一方、ジハードは世界全体をイスラム化するための戦いです。イスラム文明は早くに円熟期をむかえますが、それがグローバル化に結実することはなく、代わって西洋が、教養と文化だけでなく、技術革新、科学的発明、そしてとりわけ秀でた軍事力でジハードをくい止め、支配的な文明の立場をイスラムから奪い取ったのです。そして、十六世紀から今日にいたるまでその地位は変わっていません。今日の西洋、そして西洋主導のグローバル化に対するイスラムの反発は、この世界史的な文脈において考えなければなりません。

一九四〇―五〇年代から、とくに一九六七年の六日間戦争におけるアラブの血塗られた敗北をピークとして、まずアラブ社会で、そして世界のイスラム圏全域でイスラムの復権が叫ばれるようになりました。イスラム・リバイバルです。これは単なるノスタルジアではありません。イスラム世界は「イスラムの指導者たちの失敗により、西洋文明は世界に君臨することができたにすぎないと考え、世界の現状そのものに対する激しい怒りを抱えている」[★3]ことを理解しなくてはなりません。こうした怒りから「脱西洋化」の一手段としてイスラム改宗運動（da'wa）が復活してきました。彼らにとって「脱西洋化」はそれだけでイスラムの絶対的優越性の復活を意味するものであり、彼らの究極的な目標は世界をイスラム化すること、イスラムによる世界統一に他なりません。

十四世紀のイスラムの哲学者イブン・ハルドゥーンはアサビーヤ（asabiyya ＝倫理性や連帯意識）の状態で文明の強度を測ると言いましたが、この評価法はいまなお有効だと思われます。ヨーロッパで暮らすムスリムとして、私はヨーロッパのアサビーヤあるいは価値体系が崩壊しつつあるのを目の当りにしています。こうした文化的な価値というものは再生され、そしてまた危機を乗り越えることができるのでしょうか。そして、イスラムからの挑戦をヨーロッパはしっかりと受け止めることができるのでしょうか。

サミュエル・ハンチントンの唱える「文明の衝突」理論に私は同意しませんが、文明の対立が生じていることは事実です。「衝突」は価値観の相違だけではなく、九・一一のように軍事的、暴力的な形でも表出してきています。「文明の衝突」を否定し続ける政治家や識者は多いのですが、望まない「何か」を回避するためには、まずはその「何か」の存在自体を認めなくてはならないと思います。

かつてヘンリク・シュミーゲロー現駐日ドイツ大使、ローマン・ヘルツォーク前ドイツ大統領とともに、私は『「文明の衝突」を回避するために』[★4]という本の編集に参加しました。その時にも書いたことですが、文明の衝突を回避するためには、異なる文明が複数存在する世界像をまず認めて、対話を通じて文化的なコンセンサスを見出し、複数の文明の平和的共存を目指す以外に道はありません。私は文明間の対立を認めるという意味で現実主義者ですが、文明間の対話が成功すれば、対立を回避することは可能だし、そうあるべきだと信じてもいます。

アンリ・ピレンヌの言葉が示すとおり、ヨーロッパ文明の起源はシャルルマーニュの時代に遡り、イスラムからの攻撃がその成立に深く関わっていました。ローマ帝国は地中海を「われらが海」と呼び、地中海沿岸全域を支配下に置いていたわけで、ローマ帝国のアイデンティティは、ヨーロッパというよりはむしろ地中海文明と言ったほうが適切です。私の母国シリアも七世紀にはローマ帝国の一部で、アラブでもイスラムでもありませんでした。シリアがイスラム化したのは後のイスラムによるグローバル化の過程においてです。

シャルルマーニュはイスラムに対して「対話」と「戦争」という二つの政策をとりました。当時のイスラム勢力圏は大まかに言ってコルドバを中心とした西イスラムとバグダッドを中心とする東イスラムに分かれていましたが、シャルルマーニュは平和な東イスラムとは対話を進め――これはイスラムとキリスト教世界とのはじめての対話でした——一方、ヨーロッパを北上して勢力拡大しようとする西イスラムには武力で応え、これを制圧しました。東では対話を続けながら、西では戦争をしていたわけです。

「ヨーロッパのイスラム化」と「イスラムのヨーロッパ化」

このように、ヨーロッパとイスラムという二つの文明世界は地中海沿岸地域をそれぞれの中心として地政学的にも密接な関係を持ち、交流や影響関係がありました。しかし、ヨーロッパとイスラムを、二つの相対する文明圏としてだけ考えると、見過ごされてしまう歴史的事実があります。たとえば、イスラム世界からヨーロッパへの移民の問題です。いまやイスラムはヨーロッパ内にも存在しているのです。これもグローバル化現象の一つですが、ヨーロッパでは移民の問題はその存立基盤にも関わる深刻な問題となってきています。

世界各地からヨーロッパに移り住む人々のなかでも、イスラム系移民は著しく増加しています。第二次世界大戦直後、約八〇万人のムスリムがフランス、英国を中心に居住していましたが、二十世紀末までにその数は一五〇〇万人に増加しました。今日、ヨーロッパ内のムスリム移民は約一七〇〇万人、二〇三五年には四〇〇〇万人にまで増加するだろうと言われています。この増加は人口構成の変化だけでなく、ヨーロッパのアイデンティティにも変化をもたらすものです。したがって、ヨーロッパとイスラムの文明的対立を考察するには、ヨーロッパの外部に存在するイスラム世界とヨーロッパ内部のイスラム移民社会という二つを対象としなくてはなりません。そして、今日のヨーロッパにとっては、イスラム移民社会とその文化的な影響力がもっとも深刻なイスラムからの挑戦なのです。

カリフォルニア大学バークレイ校のヨーロッパ研究所と中東研究所がおこなった合同研究プロジェクト「イスラムとヨーロッパの変容するアイデンティティ」は、イスラム移民がヨーロッパの文化や文明に及ぼす影響を研究対象としたもので、その成果は昨年『イスラム化するヨーロッパかユーロ・イスラムか』[★5]として上梓されました。この書名はヨーロッパの将来についての選択肢を示しています。すなわち、ヨーロッパはイスラム圏のなかに組み込まれるのか、それともイスラムをヨーロッパ化するのか、ということです。

異教徒を改宗させる義務（da'wa）はイスラムのもっとも際だった宗教的特徴の一つです。布教と改宗のために世界各地に移り住み（hijra）、その地にイスラムの法と信仰を樹立する義務もあります。こうした宗教的特徴とその実践から、私は「ヨーロッパのイスラム化」という脅威が差し迫っていることを指摘し、その脅威に代わるものとして「イスラムのヨーロッパ化」つまり「ユーロ・イスラム（Euro-Islam）[★6]」を提案してきました。ヨーロッパのイスラム社会はヨーロッパとは文化的に異質なコミュニティを形成し、社会のなかで孤立しています。今後、ヨーロッパ社会の基本的価値である人権、民主制、政教分離などを受け入れることなしに、すなわち「ユーロ・イスラム」以外にムスリムが市民権取得のレベルを超えて真のヨーロッパ市民になることはあり得ません。

ヨーロッパに住むムスリムが自分たちの文化的アイデンティティや信仰を保ちつつ、ヨーロッパ市民となるためには、価値の共通基盤を構築して、現に存在する価値をめぐる対立を克服する必要があると考え、私は「ユーロ・イスラム」を提唱しているのですが、その他にも文明の衝突を回避するオプションが提示されています。しかし、いずれも受け入れがたいものです。

まず、一部のヨーロッパ人は文化相対主義の立場から、ヨーロッパ文化とイスラム移民が共有する文化とを同等に置き、移民者の「集団的権利」を訴えています。しかしながら、本来ヨーロッパのアイデンティティは個人原理(principium individuationes. ハーバーマスの言うSubjektivitatsprinzip)に基づくものです。つまり、人間は皆、自由な個人であり、個別のアイデンティティを持ち、権利についても個人的な問題として考えられます。一方、「イスラムの権利」といった集団的な権利概念は、民族や宗教を基盤にしたコミュニティの発展と、ひいてはムスリム移民のディアスポラ社会を容認することになります。個人ではなくコミュニティの権利を優先する、その状態はもはや人権を保障された個人が形成する自由な社会とは言えず、必然的にヨーロッパとイスラムの対立へと導くものです。

このような文化相対主義的な考え方は非常に多くの問題をはらんでおり、危険なものでもあります。文化相対主義者は「自分たちと同じ『啓蒙』の伝統の流れを引く非-相対主義者だけを攻撃し、相対主義とは理論的にも相容れるはずのない宗教的原理主義との対立には関心を払わない。つまり、文化的に充分に異質であれば絶対主義を許容するが、自分たちの文明内では絶対主義を決して容赦しない[★7]傾向にあるからです。ヨーロッパ文明の価値観が普遍化することには反対し、非西洋文明の新しい絶対主義を受け入れようとする、このダブルスタンダードは「(普遍的)思考の敗北」(A・フィンケルクロート)とみなされてしかるべきです。

あるいはまた、「ヨーロッパのイスラム化」というオプションも考えられます。イスラムからの移民はヨーロッパをイスラム化するための第一歩であり、「イスラムの家(dar al-Islam)」を世界中に広めることがムスリムの究極的な宗教的使命であるという、イスラム的世界観に基づくこの選択肢について、イスラムの指導者たちが公に語ることはありません。彼らは文化間の対話を提唱し、イスラムについて無知なヨーロッパ人はそのとおり解釈して、心を開いた対話を期待します。しかしながら、ヨーロッパ人が知的な交流と考える対話を、ムスリムは改宗の実践(da'wa)と考えるわけで、両者の合意は期待できません。イスラムは対話に臨んでも「世界のイスラム化」の野望を諦めることはないのです。

ヨーロッパでは文明間の差異や対立について、あるいはその脅威についての発言をポリティカル・コレクトネスの見地から制限することがあります。ヨーロッパ人が自分たちの文明的価値に対してアサビーヤ(帰属意識)を失い、真剣な議論を避けることは不健全な結果しか生み出さないし、なによりも自滅的な行為です。

「道具的理性」の浸透と「文化の細分化」

私はグローバル化という概念と普遍化という概念とをはっきり分けて考えます。グローバル化は実体をともなう構造、たとえば経済、政治、輸送、通信などにおいて実現されます。事実、経済はグローバル化しており、政治システムのグローバル化はヨーロッパの拡大主義からはじまり、現在はアメリカが牽引役を演じています。アジア、アフリカ、中南米の国々にも国民国家というシステムが存在し、国際政治・経済の一部にしっかりと組み込まれているわけです。しかしながら、そこにはヨーロッパの価値観は普及していない。異文化間交流がいくら進んでも、文化的差異を克服することはできないし、統一的な世界観が生まれるわけでもない。構造がいくらグローバル化しても、価値は普遍化されず、むしろグローバル化が進行すればするほど、文化は細分化されていくものです。

マレーシアのマハティール首相が『シュピーゲル』誌の取材に対して「私はハンバーガーを好んでよく食べるが、西洋の価値観については軽蔑している」と語ったことがあります。発言を理解できなかった編集者に、私は「ハンバーガーを食べても、西洋の価値を受け入れたことにはならない」と説明しましたが、ヨーロッパ人にこのことを理解してもらうのはたいへん難しい。テレビを楽しみ、コンピュータを使い、コカコーラを飲み、ジーンズをはき、つまり西洋の大衆文化や消費文化を受容すれば、それで西洋人になると誤解することが多いのです。けれども、これは間違いです。すでに述べたとおり、文化とは「意味」の創出であり、コカコーラやコンピュータは「意味」とは関係ありません。非西洋世界の価値は西洋化されていないことをはっきりと認識する必要があります。

人間は常に自らのアイデンティティを探し求めるもので、だからこそ、グローバル化のもとで人々の距離が縮まれば縮まるほど、文化的には細分化する――統一されると同時に細分化する――というパラドクスが生じるわけです。なぜならば、グローバル化によってアイデンティティが脅かされると感じたとき、人々はアイデンティティを構築し直すという自己防衛的な行為に出ることになるからです。グローバル化の衝撃から身を守ろうとすることが文化の細分化を加速させます。文化の細分化は対立を生み出し、価値の対立は武力の対立、戦争へと発展していく可能性がありますから――中東地域での紛争はその一例にすぎません――これはぜひともくい止めなくてはなりません。

民主主義、世俗的社会、人権などは西欧の価値観から生まれた「西洋的」な価値ですが、「西洋的」な価値や文化の意味が変質しつつあることも事実です。この変質はアメリカから始まったと言われますが、根本長兵衛氏によると、日本でも「文化の意味がたとえばコンピュータ・リテラシーや市場原理に矮小化されたり、教養やたしなみを失ったエリートや過剰な情報氾濫に埋没し拡大する仮想空間に心を奪われる新種人間が急増する」[★8]現象が出てきているようです。こうした西洋的な価値や文化の変化の根底にあるのは、かつてホルクハイマーが批判した「道具的理性」と言ってよいと思います。

技術によるコミュニケーションは文化の対話ではないし、技術的合理性は文化をベースにした理性、世界を理解するためのカント的な理性とははっきり異なります。それらは単に「道具」でしかない。「道具的理性」は「意味」の喪失、文化の危機へと導くものですが、すでに西欧だけでなく世界各地に浸透しつつあるのかもしれません。

「道具的理性」の浸透と加速する「文化の細分化」——このような危機的な状況下で、西洋文明はイスラム原理主義から「神の掟」を突きつけられ、文化の再生が求められています。ヨーロッパが自らの文化的価値を守らず、その文明を「道具的理性」に貶めるようなことを続ければ、イスラムとの関係において、人口構成比の変化とともに「脱西洋化」の挑戦が長きにわたって続いていくことになるでしょう。

政治的イスラム(イスラム原理主義)の「半近代性」

私が学生時代をすごした六〇年代のフランクフルトは、パリ、バークレイと並び、学生運動がもっとも激しかったところです。私自身、ドイツの学生運動に深く関わっていたので、左翼的思考を充分理解しているつもりです。もっとも、現在の私は自分を「リベラル」と位置づけていますが、それでも左翼に反感を持っているわけではありません。ただ、左翼の問題は、文化をそれ自体において理解しないということです。学生運動の渦中にいた私たちはすべてを経済学の用語と理念で理解し、説明しようとして、文化も経済活動の反映として考えられていました。しかし、アドルノやブロッホを引用するまでもなく、文化や宗教は経済的な製品ではなく、それ自体において理解しなくてはなりません。文化は自立してあるものです。

今日、欧米の「左翼系」あるいは「進歩的」知識人は文化をそれ自体において捉え、重視しているようにみえます。しかしながら、文化や価値の対立については問題の本質を理解していない。たとえば、イスラム・リバイバルの意味するところを正しく理解せずに、「寛容」な態度をとる人も少なくありません。イスラム・リバイバルは宗教の復活ではなく、宗教を政治目的に利用するイスラム原理主義に他ならず、その目指すところは全世界を「脱西洋化=イスラム化」することで、宗教とは関係ない。イスラム原理主義はグローバル化そのものに反対しているのではなく、「西洋主導」に反対なのであり、グローバル化の主導的立場にある西洋に取って代わろうとしているだけなのです。

イスラム原理主義者は西洋のすべてに反対しているわけではありません。これまでに私は一〇数か国で二五〇〇人以上のイスラム原理主義者に取材しましたが、その結果はっきりしたのは、彼らはイスラムの復活に強い意志を持ちながら、同時に西洋の技術や科学を習得することについてもきわめて熱心であるということです。彼らは西洋の近代性を文化的価値と道具（科学技術）に分けて、価値は拒絶して道具は受け入れるのです。近代の半分だけを受容していることから、私は「半近代性（semi-modernity）[★9]」と名付けました。

イスラムの「半近代主義者」あるいは原理主義者を観察すると、彼らもまた「道具的理性」の洗礼を受けているようにみえます。しかしながら、日本や西洋の「仮想空間に心を奪われて人間的なたしなみやふくらみを失った新種人間」と異なり、彼らは膨張し続ける仮想空間に自らを失ってはいません。それどころか、自分たちの伝統的・宗教的な価値観を確信し、また帰依しています。文化的相対主義を一切受け入れず、イスラムの価値を普遍化させようという決意も堅く、まず西洋を倒し、究極的には世界全体の「脱西洋化」、イスラムによるグローバル化が必要だと考えています。

経済的・政治的にはいまだ西洋が支配していることをイスラム原理主義者は認めますが、同時に西洋世界における価値観の喪失、文化の危機をよく認識しています。価値を至上のものとするムスリムはこの点で西洋文明あるいは「パックス・アメリカーナ」より「パックス・イスラミカ」の方がはるかに優れていると信じています。サイド・クツブ（一九〇六―六六。イスラム原理主義の創始者）は「人類は滅亡の瀬戸際にいる（…）その理由は価値体系が崩壊しているからである。（…）このことは西洋において顕著であり、西洋はもはや人類に価値を提供するような立場にはない[★10]」と言っています。西洋に代わって人類を救済できるのはイスラムとイスラム・コミュニティ（Umma）であるという彼の主張は、今日のイスラム世界に広く浸透している世界観を映し出すものです。

しかし、今日の文化的危機を乗り越え、新しい世界の新秩序を構築するために、イスラムは有効な選択肢とはなり得ません。文化の再生は、神の信義においてではなく、世俗の地平で遂行されなくてはならないからです。宗教を政治化することは人類を対立する宗教集団に分割し、「文明の衝突」と文化の細分化しか生み出しません。

西洋近代の価値は——たとえば政教分離、人権、民主主義、市民社会、多元性など——非西洋の文化と共有することができるのでしょうか。一九八三年に私はアラブの知識人や政治家とともにアラブ人権擁護組織の創設に参加しました。もちろん、人権という概念は西洋が起源ですが、私たちはその西洋の価値を取り入れ、イスラムの基盤の一つにしようと決意しました。こうした態度は西洋の「道具」は受け入れるが「価値」は拒む「半近代」の立場とは決定的に異なります。現在進行中のグローバル化を容認しつつも、文化の細分化を否定する。そのうえで文化的に多様である世界を実現するためには、文明間に共有できる価値を確認することが必要だと思います。

世界のイスラム化の拒否と「ユーロ・イスラム」の提唱

今日の世界にはさまざまな危機が迫ってきており、九・一一の同時多発テロはその予兆の一つにすぎません。その予兆を正しく理解して対処しない限り、危機を回避することも、その背後にある諸問題を解決することもできないはずです。ヨーロッパの一部やイスラム諸国で広まる「陰謀のセオリー」

に代表される反米主義が問題への正しい対応であるとは思いませんし、もちろんブッシュ大統領の政策も支持することはできません。戦争行為で問題が解決するとは思えないからです。というのも、いま問題になっている危機というのは、単に経済的、政治的なものではなく、文化的な危機でもあるからです。

ユルゲン・ハーバーマスは著書『近代の哲学的ディスクルス』のなかで文化の近代性に言及して、それが価値体系であると指摘しています。価値が問題となる文化の近代性は道具や科学技術としての近代性とは異なるということを再度確認しておきたいと思います。

文化の危機を乗り越えて世界平和を実現するためにはどうすればよいのでしょうか。私はムスリムではありますが、世界の平和的秩序の基盤はやはり世俗的・非宗教的な価値体系にしかありえないと考えています。文化や宗教の多元性を認める平和を求めるのであれば、いかなる原理主義的思想も――「パックス・イスラミカ」も「パックス・アメリカーナ」も同様に――拒絶しなくてはなりません。

ヨーロッパについて言えば、イスラム世界との和解なしに二十一世紀を生き抜くことはきわめて難しい。ヨーロッパとイスラムの関係を考えるとき、ヨーロッパ内のイスラム社会とイスラム世界全体の二つを対象としなくてはならないことはすでに述べたとおりです。前者については「ユーロ・イスラム」以外にムスリム移民社会のゲットー化を回避する道はありません。イスラム世界全体との関係については、非宗教的な民主制や個人の人権を基盤に「異文化間の連帯意識と価値観のコンセンサス」

を実現して、そのうえで、民主的平和を目指すべきだと考えます。いずれの場合も継続的な文明間の対話が必要となりますが、イスラムが「世界のイスラム化」を断念することが前提となります。さもなければ、対話自体が成立しません。

西洋の平和思想はカントの「永遠平和（Ewiger Friede）」を基本とするもので、この概念はキリスト教とは関係ありません。ヨーロッパのアイデンティティの基盤はルネサンス以降「西洋」で、キリスト教ではないのです。戦争とは異なり、「永遠平和」は民主的な秩序においてのみ実現されます。民主的な秩序は「対立」に際して戦争による解決を選択することはなく、したがって民主主義は永続的な平和の前提条件となるわけです。イスラムがこの価値を受け入れて自己変革を断行すれば、民主制は実現されるでしょうが、イスラムの思想家たちは「民主主義は異端である」として、いかなる妥協点も見出そうとしていないのが現状です。

民主的平和と「世界のイスラム化」とは相容れないことは明白です。たしかに、かつてのような（七一一年のスペイン征服、一四五三年のコンスタンティノープル陥落）ヨーロッパを征服するための統一されたイスラム文明、イスラム軍はもはや存在しません。しかしながら、ヨーロッパがイスラムからの挑戦に正しく向き合わなければ、二十一世紀におけるムスリムのヨーロッパへの大量移住は「非軍事的なジハード」として、ヨーロッパの「価値」とヨーロッパそのものを揺るがし続けることになります。

昨年、「寛容」の名のもと、ＥＵはトルコのイスラム原理主義政党ＡＫＰの代表者をサミットに招き、EU加盟問題について話し合いました。これが将来に向けてのヨーロッパの新たな見識なのでしょうか。けれども、ヨーロッパでは「無関心」が「寛容」と誤解され、だからこそイスラム原理主義者たちは九・一一の同時多発テロをヨーロッパで準備ができたということを思い出していただきたい。根本氏も憂慮する「文化の危機」とは、連帯意識や倫理の欠如と価値観の揺らぎから生じる「意味」の危機だと私は理解しています。かつて『ニューズウィーク』誌は「なぜイスラムのテロリストはヨーロッパを好むのか？」という特集を組みましたが、その答えは「不寛容なものを寛容に受け入れる」という記事で与えられています。「寛容」と「価値への無関心」とを混同すること自体、文化的な危機に他なりません。文明間の衝突を回避できるのは武力ではなく、価値の共通基盤を模索する対話だけであると繰り返し申し上げましたが、自らの価値基盤も不確かなままでは対話の席についても意味がありません。したがって、「意味」や「価値」の再生なしに、イスラムからの挑戦をはじめとして、次々と迫り来る難題に立ち向かうことはできないと私は断言し、最後に「文化の再生」をいま一度強く訴えたいと思います。

★注

★1 Clifford Geertz, *The Interpretation of Cultures : Selected Essays*, Fontana Press, 1973, pp. 3-30.

★2 Henri Pirenne, *Mahomet et Charlemagne* (Paris 1937), German trans., *Die Geburt des Abendlandes* (Leipzig 1937).

★3 John Kelsay, *Islam and War, A Study in Comparative Ethics*, Westminster-John Knox Press, 1993, pp. 25ff.

★4 Roman Herzog, author, and Henrik Schmiegelow, ed., *Preventing the Clash of Civilizations : A Strategy for Peace for the Twenty-First Century*, St. Martin's Press, 1999. Bassam Tibi, "International Morality and Cross-Cultural Bridging", pp. 107-126.

★5 Nezar AlSayyad and Manuel Castels, eds., *Muslim Europe or Euro-Islam : Politics, Culture and Citizenship in the Age of Globalization*, Lexington Books, 2002.

★6 「ユーロ・イスラム」については以下の論文に詳しい。

Bassam Tibi, "Muslim Migrants in Europe", in : Nezar AlSayyad and Manuel Castels, eds., op. cit. pp. 31-52.

Bassam Tibi, "Les conditions d'un Euro-Islam, " in : Robert Bistolfi and Francois Zabbal, eds., *Islams d'Europe : Integration ou insertion communitaire?*, Editions de l'Aube, 1995.

★7 Ernest Gellner, *Postmodernism, Reason and Religion*, Routledge, 1992, p. 85.

★8 根本長兵衛『(日欧シンポジウムのための) 提言』、EU・ジャパンフェスト日本委員会、二〇〇二年

★9 「半近代性 (semi-modernity)」という語は以下の論文に初出。Bassam Tibi, "Islamic Dreams of Semi-Modernity," in : *India. International Centre Quarterly*, New Delhi, vol. 22, no. 1 (Spring 1995), pp. 79-87.

★10 Sayyid Qutb, *Ma'alim fi al-tariq* [Signposts along the Road], Dar al-Shuruq, 13th legal printing, 1989.

講演 III

「越境する文化」の時代をむかえた地球

エドガー・モラン（思想家）

Edgar Morin

社会学者、フランス社会科学高等研究院・学際研究所元所長。1921年パリ生まれ。フランス国立学術研究所元研究部長。狭義の社会学を超えて、人類学、宇宙論、生物学、生化学、国際関係論など、最新の科学研究の成果をふまえた「複雑性」の概念にもとづく、人文科学研究の新しい方法論の構築で国際的注目を浴びる。著書に『方法』（全5巻。第4巻まで刊行済み）、『複雑性とはなにか』、『祖国地球』など。現在も精力的に執筆・社会的発言を続け、2001年には『方法』第5巻の第1部を上梓、さらに第2部を準備中。

今日、私たちはグローバル化と文化というテーマを囲んでここに集いました。きわめて難解なこの二つの概念について論じるという、その任に私が充分に堪えうるかどうか心許ないのですが、私なりの考えをご紹介したいと考えています。最初にグローバル化についてお話しいたしますが、それは私が「越境する文化（transculturalité）」と呼ぶものを論じていくうえで必要だからです。また、芸術、文学、哲学などのハイ・カルチャー、エリート文化だけでなく、メディア文化や大衆文化の視点からも、この「越境する文化」という問題に考察を加えてみたいと思っています。

複数の「グローバル化」現象

一九九〇年代に始まったグローバル化は、いわば「地球化（planétarisation）」とも名付けられるプロセスの最終段階であると考えられます。この地球化あるいは世界の拡大は、十五世紀末ポルトガルの航海士たちがアメリカを発見し、ヨーロッパが世界に拡大していった大航海時代に始まっています。その後、世界のヨーロッパ化が進み、西洋が地球を支配する体制ができあがりましたが、西洋化への動きは植民地政策に対するさまざまな抵抗を生み出しました。これは一つのパラドクスです。つまり、西欧は植民地政策や奴隷制を押しつけて、長きにわたってきわめて過酷な地球支配を続けたわけですが、その支配が同時に「解放の哲学」をもたらしたということです。ヨーロッパの支配から自らを解放し自由になろうとする理念――たとえば民族自決権、人権、女性の権利、民主主義――それを生み出したのもヨーロッパでした。こうした西洋的な価値はもともとはヨーロッパだけで通用していたのですが、その後植民地の人々に受容され、解放の理念として使われるようになったのです。明治時代の日本がヨーロッパの技術や文明を取り入れて、「文明開化」という一種の西洋化を果たしたことは周知のとおりです。西洋化は日本だけでなく全世界の各地域に広がりましたが、西洋による世界支配つまり西洋化から自らを解放する思想を作ったのも西洋であったというわけです。

一九九〇年代以降のグローバル化を特徴づけるのは資本主義的なマーケットの拡大です。この間、ソ連は体制崩壊後に、中国は共産主義体制を維持しながら、どちらも資本主義の市場原理を取り入れました。さらに、通信技術の発達によって世界市場が現実に成立しつつあります。こうして経済のグローバル化は自由主義経済を思想的な背景として科学技術のグローバル化と同時に進行してきたのです。

しかしながら、グローバル化は市場の拡大としてだけではなく、複数の現象として現れるものです。たとえば、ソ連が解体し、世界各地で独裁政権が終焉をむかえ、民主主義が世界に広まってきています。もちろん、民主主義の基盤はいまだ脆弱で全世界に行き渡っているとは言えませんが、その理念は確実に広がりつつあると言えます。あるいは、地球市民としての活動もグローバル化現象の一つです。「国境なき医師団」をはじめとして、人種や宗教にかかわりなく、貧困や病気で苦しんでいる人々を救うための活動、「グリーンピース」のように科学技術の発展による環境破壊から地球を救おうとする活動、少数民族の人々を支援する「サバイバル・インターナショナル」――私もこの団体の活動に参加しております――さらに、公権力による人権抑圧とたたかう「アムネスティ・インターナショナル」の活動など、数々の組織、NGOは国境を越え、まさにグローバルに活動を展開しています。

しかし、いま問題にしなくてはならないグローバル化現象は何かと言えば、それは四つの動力源（モーター）に関わることです。ヨーロッパが生み出して、ヨーロッパ拡大の原動力として機能してきた科学、技術、産業、資本主義という四つの動力源は互いに連携して作動するのですが、それらは制御されることも管理されることもないままに世界の拡大が進んできました。言ってみれば、私たちの船「地球号」は船長不在で行き先もよく定めずに困難な航海に乗り出してしまった、そのような状況に私たちは置かれているのです。

グローバル化の状況を理解することがたいへん難しいということも申し上げなくてはなりません。そして、ここにもパラドクスが潜んでいます。つまり、グローバル化を生み出した理念や思想ではグローバル化を理解することはできないということです。グローバル化を推進してきた科学技術や経済学においては、高度に体系化・専門化した研究や教育がおこなわれた結果、「知」の総体は細分化され、学際的なコミュニケーションが成立していない。グローバルな人間社会というものを理解するための方法がないのが実情です。

たとえば、数値や効率に基づく経済学の論理では、数量に換算できない人間的なことがら、情熱、愛、喜び、悩み、苦しみ、不幸といった価値をとらえることはできません。私たちは統計学的に処理されたきわめて抽象的な人間の概念とともに取り残されてしまいます。また、歴史学、社会学、心理学、生物学など、学問分野がそれぞれ分離している状態では、グローバル化や地球社会の問題の本質を正しく理解することはできません。これは、人間の精神が生み出した現象を——私たちがそれと気付かぬうちに——自分たちで歪めてしまうプロセスの結果だと言ってもよいでしょう。

経済的、技術的に世界が統一されていく、その一方で文化的な細分化が進んでいることについては、すでに午前中のティビ氏の講演でも言及されました（四二—四三頁参照）。しかし、統一と細分化の動きはパラレルな現象ではなく、両者は深く結びついているのだと私は考えます。というのは、国籍、あるいは民族的、宗教的なアイデンティティは世界を西洋化しようとする動きに抵抗し、個別性に閉じこもろうとする傾向が強くなっているからです。西洋文明が世界の中心にある。進歩は人類にとって不可避かつ不可欠で、人類の歴史そのものである——このような思想は二十世紀末には崩壊し、私たちは未来への確信を失い、世界はふたたび不確実性のなかに放り出されてしまいました。私たちの「現在」は死に瀕しており、自分たちの「過去」や古い信仰に戻ろうとする動きも出てきています。こうした後ろ向きの動きは、一九九〇年以降、世界各地で発生している対立や紛争の大きな要因となっていることを認めざるを得ません。旧ユーゴスラビアの解体、旧ソ連とアルメニア（キリスト教）、アゼルバイジャン（イスラム）との戦いとそれに続く旧ソ連自体の崩壊、イスラエル・パレスチナ問題、インド・パキスタン紛争、コートジボワールでのキリスト教とイスラムの対立をはじめとするアフリカ各地の紛争など、地域紛争は途切れることなく続いています。

私たちは「開発」という神話に頼って生きてきました。科学技術や経済の発展を核とする進歩が人々に幸福をもたらし、よりよい明日を開き、すぐれた文明を築いていく。そして、「開発」は人類や社会のあらゆる問題を解決する、という神話です。これは、西洋以外に文明モデルを認めない西洋中心主義の思想に他ならないのですが、「開発」という神話だけでは人間の問題を解決するのに不充分であることは明らかです。なぜならば、今日の西洋は、社会として、文明として、その内部に深刻な問題と危機を抱えているからです。そして、西洋が抱える危機は世界に広がっています。先に申し上げたように、科学、技術、産業、資本主義という人類の文明の四つの動力源が制御不能に陥っているわけですから、この地球上で文明全体の危機が進んでいるということです。したがって、われわれは西洋文明の危機だけでなく、地球社会の危機をも考えなくてはなりません。しかし、ここでもまた、グローバル化の一理念としての「開発」の神話が私たちの思考を阻んでいるのです。

「越境する文化」とは何か

ここから私は「越境する文化（transculturalité）」という現象についてお話ししたいと思います。異なる文化間にはさまざまなコミュニケーションがあるものですが、それは「文化」対「文化」の影響関係にとどまるものではありません。文化は交流、合体、影響を繰り返し、新しいものを創出したり、すでにある文化をより豊かにしてきました。たとえば、「絹の道」を介した東アジアとヨーロッパとの文化的交流は、ギリシャ風の仏教芸術という――ギリシャ美術とも伝統的な仏教美術とも異なる――まったく新しい文化を生み出したのでした。

ヨーロッパの文明や文化において、「越境する文化《トランスカルチュラル》」という現象は新しいものではありません。十八世紀のパリに生まれた啓蒙思想や十九世紀のイエナに誕生したロマン主義はヨーロッパ全域に広まりました。シュールレアリスムはヨーロッパの枠を超えて世界に広まっていきました。今日、「越境する文化」という現象は「地球の文化」というものを生み出そうともしています。

西洋の帝国主義を批判的に分析したカール・マルクスは、文学について「国や地方に属する固有な文学がやがて普遍的な世界文学を生み出す」と予見しました。普遍性のある文学とはどういうことでしょうか。世界中の人々が同じ文学を読むということではありません。それは、西洋人が日本や中国の小説、アフリカや中南米の小説を読み、中南米の人々も自分の属する地域以外の文学を読む、このような相互の交流によって、ある「地方」に生まれた文学が「普遍性のある世界の文学」となっていくということを意味します。

音楽においてもグローバル化の現象は存在しています。まず、西洋音楽が世界に広まりました。日本人の指揮者やニューカレドニア出身の歌手が活躍するように、西洋音楽は世界中で演奏されています。一方、最近の傾向として、ヨーロッパはアラブ、インド、日本、中南米、アフリカなど、世界中の音楽に門戸を開き、受け入れるようになってきました。

映画について、アメリカ映画が世界の映画市場を支配していることを指摘するだけでは充分とは言えません。たとえば、フランスをはじめとしてヨーロッパでは、インドや日本、中国などの映画が配給されるようになってきています。こうした「トランスカルチュラル」な市場の成立は、それぞれの国や地域から生まれた固有の文化としての映画を守るだけでなく、あらたな映画製作の可能性を広げることにも貢献しています。黒澤明の映画はフランスや他の西欧諸国の映画文化に受け入れられ、新しい市場を見出したことにより、黒澤はさらに映画を撮り続けることができたわけです。また、アンダルシア地方の固有な文化であるフラメンコをはじめとして、世界に無数に存在する地方に根付いた芸術表現や芸術様式の多くが、そのオリジナルのスタイルは遠く離れた異国のアマチュア愛好家によって守られているという現象もあります。

思想や学問、文明などの動きはきわめてゆっくりしたものです。ヨーロッパで『易経』や『バガヴァッド・ギーター』(インドの古典『マハーバーラタ』の一章)など、アジアの古典文献が翻訳され、非西洋地域の文明についての研究が始まったのは十九世紀になってからのことです。二十世紀に入ると文明史の研究が進み文学作品も紹介されるようになり、二十世紀末には東洋の思想や宗教のいくつかの要素が欧米に入り込んで影響を与えるようにもなってきました。たとえば、仏教はアメリカやヨーロッパにも信者を得て、その思想がよりよく理解されるようになりました。東洋医学も認知され、鍼治療はヨーロッパの大学の医学部や病院に導入されています。西洋哲学は非西洋の哲学よりもすぐれており、支配的な立場にあって当然である、というような考えはたしかにまだ残っています。しかしながら、「越境する文化」の時代をむかえ、ヨーロッパは世界の中心ではなく、理性や真理を独占的に所有しているわけでもないことが理解されてきています。要するに、ヨーロッパもこの地球上の一つの地方にすぎないと認識するようになってきたわけで、これは重大な転換と言わなければなりません。

産業化される文化――「生産」と「創造」の葛藤

今度は「越境する文化」という現象について、メディア文化や大衆文化の視点から考えてみたいと思います。この分野でも普遍化への大きな流れが認められますが、それは標準化、あるいは画一化、単純化が勝利したことを意味するのでしょうか。たしかにそういう面はありますが、それだけではありません。映画を例に説明しましょう。実に多くの要素で構成される映画は、俳優、音楽家、装飾家、衣装係など、さまざまなアーティストが参加する共同作業で作品ができあがるもので、芸術製作の方法という点で大きな革命を引き起こしました。一方、ハリウッドでは、最大利益の追求という論理のうえに映画産業なるものが発展しましたが、その過程で作品を画一的にそして凡庸なものにしてしまうことも少なくありません。そして、ここにもパラドクスが生じています。つまり、文化産業というものは独創性や個性、あるいは才能と呼ばれるものを排除することはできない、むしろ必要としているということです。映画を作ることと自動車や洗濯機を作ることとは同じではありません。何らかの標準的な製作方法によって構想された映画であっても、やはり個性、独創性、独自性というものがあるはずです。文化産業に属するものはすべて——映画がその典型例と言えますが——その中核部分に絶えざる対立があり、しかもその対立は相互補完的でもあります。すなわち、「創造（création）」という個別的で芸術的なものと、「生産（production）」という産業的で商業的なものが対立すると同時に互いに補い合う関係にあるのです。この対立は時として「生産」が「創造」を抑圧したり、押しつぶしたりする事態を招き、その結果、エーリッヒ・フォン・シュトロハイムやオーソン・ウェルズのようにハリウッドから立ち去ることを余儀なくされた映画人もいます。しかしながら、一方では芸術的創造性ゆたかな作品が絶えることなく作られてきました。もちろん、ステレオタイプで画一的な作品も存在しますが、それでもステレオタイプをほとんど神話のようなアーキタイプ（原型となる作品）に変えてしまうような力のある作品があることもやはり事実です。たとえば、ジョン・フォードによる西部劇の名作はそのような神話性をもったアーキタイプと考えられると思います。

文化産業は、創造性や芸術の可能性を破壊すると同時に呼びさますという矛盾を抱え、しかもこの内なる矛盾によって活力を与えられています。この矛盾は一方で集中型で官僚的、資本主義的な組織体制で文化を「生産」し、また一方で「生産」される作品には独創性や創造性が要求されるという対立に進展します。この意味において、「生産」は「創造」を必要としているわけです。同じような対立は文化を受容し、消費する一般の人々にも見出すことができます。標準化された作品に満足する人々が多いことは事実ですが、文化を受容する方法や形態の個別化も進んでいます。これはメディア文化に顕著である「トランスカルチュラル」な現象と考えてよいでしょう。このようにグローバル化や普遍化のプロセスは画一化や均質化だけでなく、創造性や多様性や個別化をともなうものです。そして、この対立と葛藤がある限り、文化的な活力は保たれるのだと思います。

地球のフォークロア

文化が普遍化していく過程で地球規模のフォークロアが成立します。地球のフォークロアというのはアメリカ映画の神話性のある作品だけではなく、フランスで言えば『三銃士』のような冒険活劇小説、ローマ帝国の伝説や神話、あるいはその他の地域の冒険譚などを土台に、つまりある地域の文化を基盤に作品や文化の無数の出会いによって形成されていくものです。世界各地に広まった地球のフォークロアの例として、ニューオリンズを基点としながら、さまざまなスタイルに枝分かれしたジャズがまず挙げられます。他にも、ブエノスアイレスの港湾地区で生まれたタンゴ、キューバ発祥のマンボ、ウィーンのワルツ、アメリカ生まれのロックなども地球のフォークロアと言えるでしょう。とくにロックは、インドのラヴィ・シャンカールのシタール、ウム・カルスームのアラブ歌謡、アンデス地方のワイノなどを取り込み、地球のフォークロアとして一層豊かなものになりました。

このフォークロアのより深いところで何が起こっているかというと、それは文化の「混淆・異種交配（métissage）」と「共生（symbiose）」です。たとえば、ジャズはアフリカ系アメリカ人のハイブリッドな音楽としてニューオリンズに誕生しました。その後、さまざまに変容を繰り返しながらアメリカ全土に広まりますが、新しいスタイルのジャズがそれ以前のスタイルを消去してしまうことはありませんでした。やがて、黒人だけでなく白人もジャズに耳を傾け、踊り、そして演奏するようになり、黒人と白人とが共有する音楽となったのです。こうして次々と新しいスタイルのジャズが世界中に広まり、演奏される一方で、発祥の地で忘れられていたニューオリンズの古いスタイルが外国から里帰りをするということもありました。ジャズにみられるような現象は数多く、世界中に広まっているロックはまさに「越境する文化」を実現してきたと言えます。一例を挙げれば、ロックと北アフリカの音楽とが出会い、両者の混淆を経てライという新しいジャンルが生まれました。さらに、ワールドミュージックと呼ばれるジャンルになると、単に複数の音が混ざり合うだけでなく、世界各地のリズム、主題、音楽性が出会い、予期せぬ結びつきから新しい芸術が生まれます。こうした結びつきは好ましくない結果を生じることもありますが、多くは素晴らしい結果を生み出して、世界の音楽文化は地球時代の申し子であることには気が付かぬままに互いに豊かになっていくのです。

文化の独自性を守りながら、雑種性・混淆を促すこと

これまで述べてきたグローバル化のさまざまな現象が進行すると同時に、自らの根源、ルーツに回帰しようという動きも生じています。その現象は音楽の分野でとりわけ顕著に認められるものです。フラメンコについてお話ししましょう――私はジャズだけではなく、フラメンコの大ファンでもある

ので個人的な思い入れがたいへん強いのです。一時期フラメンコはその発祥の地であるアンダルシア地方で消滅しかけていましたが、自分たちのアイデンティティを守ろうとする若い世代によって復活することになりました。さらに、ＣＤや公演の国際マーケットがこの「復活」を後押しして、世界中でフラメンコ愛好家が倍増しました。パリには倉庫を改造したフラメンコ・クラブがあり、スペインからフラメンコ舞踊団がやって来て上演しますが、その後彼らはヨーロッパ各地を巡業して回ります。こうした経験がフラメンコ自体にあらたな活力を与え、フラメンコは本来の芸術として活性化され、復活する一方で、異なる音楽形式とも結びつき、源泉への「回帰」と「混淆」という対立しているかにみえるけれども、実は相互補完的なプロセスを体現しています。ヨーロッパではバスクやケルトなど、そしてアフリカやアジアにおいても、若い世代が伝統的な音楽を、楽器を、歌を守ろうと必死になっています。ここでも「トランスカルチュラル」な市場はそれぞれの音楽の伝統を守る運動を支えながらも、同時に音楽的な多様性を育んでいるのです。

固有の文化を守らなくてはならないが、同時に文化は世界に向かって開かれなければならない――このように、私たちが直面する文化の問題はきわめて複雑なものです。この問題を考えるにあたって、いかなる文化もその起源においては純粋なものではないということをまず理解しなくてはなりません。いかなる文化も、その起源においては接触や結合や融合や混淆があり、純粋なものではありません。また、文化というものは異質な要素を自らのうちに取り込み、同化させることができますが、これは充分な活力を持った文化であればの話です。活力が充分でない文化は、より強い文化に同化し、支配され、そして自らは解体してしまうこともあるでしょう。文化というものはすべからく豊かなものですが、不完全なものでもあります。ちょうど人間と同じで、よいところもあれば欠点も欠陥もあり、常に突然の死を迎えるかもしれない危険とともに生きているのです。

私たちには二つの相矛盾する複雑な至上命令が下されています。その矛盾を解消することはできませんが、この矛盾こそが諸文化の生命には必要だとも思います。その二重の命令にしたがって、私たちは諸文化の独自性を守ると同時に混淆や雑種性を促していかなくてはなりません。文化的アイデンティティを守ること、雑種的でコスモポリタンな普遍性を押し進めること――雑種性が個々の文化のアイデンティティを破壊する可能性があったとしても、この二つを結びつけなくてはならないのです。どうすれば、「解体」することなく「統合」することが可能なのでしょうか。この問題はアマゾン・インディアンやイヌイットのような少数民族にとっては深刻な問題を投げかけています。というのは、彼らにとって「統合」はポジティブなものではなく、むしろ文化あるいは社会そのものの解体を意味することにもなるからです。技術や医学など、現代文明から有益なものを取り入れてもらうことは望ましいと思いますが、同時に彼らが代々伝えてきた民間療法、シャマニズム、狩猟の技術、自然についての知恵などを守っていけるように支援しなくてはなりません。伝統と近代、文化と文化の架け橋が必要になるわけですが、人種的混血だけではなく、むしろ文化的に混血の人々がその架け橋の役割を果たすことができるではないかと私は考えています。

今日の文化のグローバル化の進展はメディアネットワークや再生技術（ＤＶＤやＣＤ）の世界的普及と分かちがたい関係にあり、インターネットとマルチメディアがすでに述べたような多様性や、競合・対立するプロセスすべてを加速し、増幅させていくことは間違いありません。しかしながら、私は書物が消滅してしまうとは思いませんし、映画がテレビに圧倒されて消滅するとも思っていません。書物は思索と孤独と再読の友として、映画は映画館の暗がりのなかで共感をもたらすものとして、つまりは文化として生き残り、それぞれへの回帰現象すら起こるように思います。

画一化や利益追求のプロセスは急激に進展していますが、にもかかわらず多様化のプロセスと個人化・個別化への要求によって逆向きの運動も起こっています。こうしたさまざまな、複雑なプロセスは、地球全体の「越境する文化」という視点からみると、プラスの面とマイナスの面があり、あくまで両義的で不確実なものにしかみえず、結局、いまの私たちには評価は下せないのです。このプロセスの評価は、つまり私たちの現在の社会が不毛であったのか、豊かであったのかについての評価は、未来にこの時代を振り返ることによってはじめて可能になるのでしょう。

地球全体の「越境する文化」への参画

最後にいま一度「西洋化」の問題に触れたいと思います。西洋化は個別の文化を破壊してきました。ヨーロッパでも、英国、ドイツ、フランスの産業革命が何千年来続いてきた農村の文化を破壊した面があるように、西洋化は昔から伝わる生活の知恵、技術や習慣などを破壊して、数値ですべてを判断する思想を押しつけようとしてきました。数値計算の思想というのは数値と利潤の追求であり、それは質よりも量を重視することを意味します。これは文化にとって重大な問題です。文化はその質や価値が問題になるものですから。芸術作品の複製を作る場合も、その質や価値が複製されるのです。映画もフィルム上に多くの複製を作るわけですが、複製されるのはやはり映画の個性であり質でありま す。文化にとって、質とは美学的であり、また人間的なものでもあり、私たちは作品において魂を何ものかと通わせる経験をして、人間への理解を深めることができるのです。

映画をみているとき――小説や演劇の場合についても言えることですが――私たちは現実の世界ではまったく関心も持たず関わりもないような人物のことがよくわかります。たとえば、チャップリンが演じる浮浪者に共感したり、『ゴッドファーザー』でマーロン・ブランドやアル・パチーノが演じるマフィアのボスに共感したりして、彼らを人間として理解します。同じようにして、私たちはシェイクスピアの作品の登場人物やドストエフスキーの『罪と罰』の主人公ラスコーリニコフを理解します。現実の世界では、このような登場人物は犯罪者、浮浪者、乞食、悪人などと分類され、それぞれのカテゴリーに閉じこめられています。しかしながら、彼らもやはり人間としての「複雑性」を抱えて生きているわけで、私たちは芸術作品によって彼らの複雑な生を理解することができるのです。映画は暗がりのなかで映像を眺めるだけの受け身の体験で、眠気を誘うだけだと言われることがあります。たしかにそうとも言えますが、その暗がりのなかで私たちは人間に共感し、人間性というものに目覚めるのです。共感なくして理解はあり得ません。文学であれ、演劇、映画であれ、芸術作品は人間についての理解を深めるものだと私は確信しています。けれども、残念ながら、この理解や共感は私たちが作品とともにある時間しか続かず、たとえば映画館や劇場を出ると同時に、あるいは本を閉じると同時に、私たちは再び退屈で、意地悪で、偏屈な、もとの自分に戻ってしまいます。

知識人や作家が人間としてとくに優れているわけではないことは誰もが知っています。「美徳」は彼らの作品に存するのであって、彼らの人間性や人生が素晴らしいわけではありません。つまり、文化はそれ自体のうちに実に素晴らしい人間理解と交流の芽を持っているのです。フランス人が日本や中国やインドの映画を通じて、互いに共有しているもの、あるいはまったく異なるものをはっきりと理解することができるのは、作品の力のおかげです。こうして、私たちは統一性と多様性を同時に生きることができるわけです。

真の文明というのは、さまざまな要素の共生や合流を促し、多様な関係を築いていくもので、西洋文明が唯一の文明モデルとしてグローバル化されるというような考えは間違いだと私は思います。文明には出会いが必要なのです。その場合、中国やインドなどの大文明との出会いだけが問題になるのではなく、少数民族の人々が長い年月をかけて築いてきた文化や文明との出会いも重要な意味をもっています。文明は多様な文化によって豊かにされ、と同時に地方の多様な文化を豊かにする、それが真の文明のあるべき姿でしょう。積極的に多様性を促す精神に基づいて、多様性と同時に普遍性も存在するような地球社会を作っていくために、私たちは矛盾を内包し、その矛盾によって豊かになっていく二つの使命を与えられています。すなわち、あらゆる次元で地球規模の統一性を守り、広げ、育て、発展させる、それと同時に、あらゆる次元で多様性を守り、広げ、育て、発展させるという相矛盾する使命です。人類は一つであると同時に複数のものです。文化の多様性によって人類は豊かな存在としてあるわけですが、私たちはその多様な文化を、地球上にともに存在するという共通のアイデンティティのなかで交流させることができるはずで、またそうしなくてはなりません。幾千の花を咲かせる一つの文化を共有する真の世界市民となることによって——個々の国の市民であることは世界市民になることを妨げません——人類の文化的な遺産を守り、尊重することができるようになるはずです。世界市民であるということは地球全体の「越境する文化」に参画することである——これを私の結論としたいと思います。

講演Ⅳ

日本におけるグローバリズムの諸相

辻井喬（作家）

つじい・たかし

詩人、作家。1927年東京生まれ。本名・堤清二。東京大学経済学部卒業。芸術文化への関心がきわめて高い、卓越した企業経営者として活躍する一方で、1955年以降、詩、小説など数多くの作品を発表。詩集『わたつみ』3部作で第38回藤村記念歴程賞、小説『虹の岬』で第30回谷崎潤一郎賞、『風の生涯』で第51回芸術選奨文部科学大臣賞など、受賞多数。現在『辻井喬コレクション』（全8巻）を刊行中。（財）セゾン文化財団理事長。日本ペンクラブ副会長。

午前中には加藤周一先生、バッサム・ティビ先生、そしてただいまエドガー・モラン先生が「グローバリズムと文化」についていろいろな角度からお話しくださいました。私が申し上げる余地はあまり残っていないのではないかとも思いますが、アジアあるいは日本におけるグローバリズムの受け取り方は少し異なる面がある気がしますので、そのあたりを中心にお話ししたいと思います。

グローバリズムの受け取り方の多元性

グローバリズムは欧米の普遍的な価値を世界に強制する帝国主義だと認識する考え方がありますが、これは一面の真実を突いていると思います。また一方には、自分の国の経済的な活動を世界市場に向かって押し拡げるために利用しようと主張するグローバリズムへの理解がございます。問題は、そういった二つの鋭く対立する考え方が時代とともに少しずつ変わっていく――というのは、グローバリズムそのものが変化しているからですが――ことだと私は考えます。

今日、パックス・アメリカーナという覇権国システムが、東西冷戦の消滅にもかかわらず、むしろ冷戦が消滅したことによって、矛盾をさらけ出してきている。こうした現状に対して、アメリカがヘゲモニーを確立維持するため、グローバル・スタンダードという名のもとに、自国（アメリカ）のシステムを世界に押しつけようとする動きが顕著になってきています。あるいは、自分たちもグローバリズムが利用できるように国内に開放経済体制をもっと導入し、政府による規制を撤廃すべきである、日本の経済システムそのものをアメリカ流に作り変えるべきだと主張している人々もいます。この一部の人々は権力を握っているところに多いので、放っておくわけにはいかない問題が生まれているように思います。

これらの主張には、経済の視点からだけグローバリズムを見ているという偏りが共通してあるようにみえます。ここでは、新しい技術が経済の発展に寄与する、その発展がまた新しい技術を生み出すという幸福な循環、それが終わりつつあるということを私は皆さんに指摘しておきたいと思います。というのは、情報化社会は仮想現実を作り出すことによって、人間にとって意味のある実態経済を異化するという性質を持っています。人々の欲望が情報を与えられることによって刺激され、実態経済を拡張させた時代は終わり、むしろ刺激された欲望は、その欲望を仮に満たすための新しい情報を与えることによって、バーチャルに満たされる。そういった状況が生まれてきたわけです。人々の欲望は市場を離れ、仮想経済のなかで自転をはじめるという現象が非常に拡大されているように思います。現在、日本の経済はたいへん不景気だと言われております。その要因は政府の姿勢などいろいろあると思いますが、仮想経済と実態経済とが乖離しているという経済構造の変化そのものにも由来しているのではないかと思います。

たしかに、地球を覆うネットワークによってさまざまな情報が即時に全世界に伝えられるという状態はグローバリズムの本質的な性格に由来するものです。グローバリズムが超大国の市場支配の手段になっているという面は、実態経済の拡張がいまだ人間にとって大きな意味がある地域においては重要な問題です。しかし、ＥＵ地域においてはどうなのだろうか。あるいは、イスラム諸国のように実態経済が強く異なった価値体系に結びつけられている地域ではどうなのだろうか。やはりこういった地域では、文化帝国主義的な動きとしてグローバリズムが強く認識されるのではないかと私には思われます。ですから、グローバリズムというのは地域によって、あるいは国家によって、あるいは文化的な歴史性によって、いろいろな影響を与えている、そういう多元性でまずとらえておく必要がありそうです。

日本におけるグローバリズム

では、日本においてはどうなのだろうか。これはアジアにおいてもそうなのですが、少し遡ってみますと、グローバリズムの問題はすぐれてナショナリズムの問題であったと概括することができると思います。アジア全体では——日本を含めて考えてもよいと思いますが——市場経済の歴史が浅く、ナショナル（nation state）の立場から市場経済が推進されます。

日本の場合、それは開発主義（developmentalism）と呼ばれる官民混合経済政策によって進められました。簡単に解説いたしますと、国が成長させるべき産業分野を決定し、決められた産業分野に適度に競争状態を作り保つ。つまり自由競争を原則としながら、その競争が過度にならないように官がチェックをして、参入障壁を設け、保護された枠の中で選ばれた数社の企業に技術と資金と労働力とを集中させて、その産業を世界的な競争力のある産業に育て上げるというものです。

こうした開発政策を可能にしたのは、欧米の巨大企業、あるいは巨大国家の経済の圧力に耐え、独立国としての地位を保つためには工業力に裏付けられた近代国家の建設が必要であるというナショナリズムの形成であり、その必要性を背景にして開発政策は国民のコンセンサスを獲得することができたのです。日本の明治以降はそのように理解することができるのではないでしょうか。そしていま、アジアのいくつかの国は日本の例に倣ってそのような開発政策をとろうとしております。

こうした歴史的、社会的環境のなかでは、原理的な自由主義の主張、利潤動機は「見えざる神の手」によって調整されるという自由主義経済の主張、アダム・スミスの主張は市民権を持っていませんでした。日本の近代における経済思想の研究家であるB・K・マーシャル（B. K. Marshall）は、「第二次大戦前の日本のビジネス・イデオロギーを考察した場合、その最も驚くべき特徴は、利潤動機を正しいものとする信念の表明がほとんどみられないということである」と述べています。そして、このような経済活動を取り巻く思想環境は、日本が第二次大戦に敗北して、天皇制国家が議会制民主主義体制に変わったとき、新しい憲法によって戦力を持たない国家となっても根本的には変わりませんでした。むしろビジネスリーダーの、彼らの極めて通俗的な意見をそのままご紹介すれば、「日本は戦争に敗けた結果、軍事力で欧米と戦うことができなくなった。アジアを植民地化することもできなくなった。だから、経済で勝つしかない」というものでした。

これまでに述べた開発政策そのものには大きな弱点があります。その弱点は、皮肉なことに経済の成功によって表に出て来たものです。政策科学の非常にすぐれた理論家であった村上泰亮氏は『反古典の政治経済学』のなかで、「開発主義の産業政策の核心は技術と需要という二つの可能性からみて有望な産業に目標を定めること」、それを重点産業に指定するということ、そこにその特徴があったのだけれども、「困難は重点産業を指定することよりもむしろその指定を取り消すこと、指定をいわゆる日没（sunset）させることにある」と指摘しています。

日本の経済は成功の結果、強力になった産業部門の主要企業が製品を輸出するばかりでなく、海外に生産拠点を持つようになったことによって、開発主義という枠が無意味化していったのです。企業家が利潤概念に基づく自由を要求した時に、官=国家は従来の規制を楯に取って、官と民との間で規制緩和を巡って烈しい攻防が展開されるようになりました。現在、日本で展開されている議論はそのような本質を持っています。

少し時間をかけて開発主義とその背景について申し上げたのは、グローバリズムが日本においてはどのような環境のなかで検討されているかをご理解いただきたかったからです。いままで述べてきたことを簡単に言い直せば、経済の発展のみを唯一の目標としてきた日本は、新しいグローバリズムの時代に入って政策の目標を失ったのです。日本の政治を支えている社会の基盤は国際的視野や感覚の乏しいマス・ソサイエティであり、そのような地盤から選出された政治家は、自らの支持基盤に気兼ねしながらグローバリズムに賛成しなければならない。つまり、「アメリカには世話になったからアメリカの言うとおりにしようではないか」、同時に支持基盤に気兼ねして、「しかしこの輸入の自由化は絶対に認めない」、これは明らかに矛盾しています。彼らが矛盾しているのは嘘つきだから矛盾しているのではなくて、「基盤」と「言うべきこと」との間に根本的な矛盾があるのでそうせざるを得ないのです。まことにお気の毒な方々でありますから(笑)、どうぞご理解をいただきたいと思います。

一方、グローバリズムを文化帝国主義として批判する知識階級、あるいは「進歩的」陣営は、グローバリズムをどのように自分たちの国の文化に有利な状況に作り変えていくかという生産的な討論をうまく組織することができないでいます。私などは勉強不足のせいか、そうしたもどかしさを感じて仕方がない。また、グローバリズムの外衣を着た保守主義、経済の衰退を防げない現在の体制、規範意識の消滅、道徳の混乱などから生じる不満を、一部のリーダーは憲法を改正し、軍隊を公然と持ち、教育基本法を改正することによって吸収しようとしています。これは時代を逆行させる動き以外の何物でもない。通常、このような努力は失敗するはずですが、生産的な代案を提案できない限り、それに押し切られることもないわけではありません。

日本においてグローバリズムが論じられる時、この流れが持っている生活様式の変化への圧力、文化的側面への検討が充分おこなわれているとは思えないのはなぜだろうということを時々考えます。グローバリズムを情報化社会の普及という面から捉えることも充分ではないのかもしれない。文化は経済社会から切り離して存在するわけにはいかない面があり、そういう点もわれわれは充分に考えていかなくてはならないのではないかと思います。

アジアにおけるグローバリズム――伝統と近代の二重構造

次に、アジアにおけるグローバリズムについてですが、先ほど少し触れましたように、日本における開発政策の成功を参考にして、安い労働力を使い、欧米や日本からの技術移植によって急速な工業化の道に入ったアジアの国がいくつかございます。そこから派生した問題として、烈しい環境破壊、伝統的生活様式の崩壊が進んだことが挙げられます。また、国際的な駆け引き等が充分見えていなかった結果、不用意な自由化をおこない、いわゆる「禿鷹ファンド」の来襲に見舞われ、通貨危機に陥った国もございます。これはそれほど昔のことではございません。一九九七年七月のバーツのフローティングへの移行から始まったのですから、ごく最近のことです。その反動として、グローバリズムに対する激しい反対が存在しております。

そこでこういう問題が出てきています。つまり、貧しさと引替えに、あるいは環境の混乱と引替えにグローバリズムを受容するか、自国の独立性を守って貧しさに耐えるか、というずれた問題意識がいくつかの国においては発生しております。

その際、注意して見なければならないのは、アジアの多くの国においては、急速な工業化は巨大な近代部門と伝統的な中小生産者部門という二重構造を作り出し、かつてわが国がそうであったのと同じ状況がアジアの国にいま存在しているということです。これは生産性の数値に表れる大企業、中小企業間の生産性の較差ばかりではなく、両者の技術の異質性——中小企業の場合の技術というのはしばしば伝承と訓練によって作られる技術で、それは新しく導入された大規模生産の技術とは違った技術です——を含むものです。村上泰亮氏が指摘しているように「大企業のための産業政策しか持たない開発主義は、企業家能力の供給源を欠くという点で計画経済の轍を踏むことになる」のです。先ほど、政治家に暖かい慈愛の目を、と申し上げましたが、最近しばしば発生する大企業のスキャンダルその他は、やはり企業家能力の供給源を欠いていることの一つの結果ではないでしょうか。彼らは開発主義によって一所懸命に仕事をしてきた。しかし目標は国家によって与えられているので、官から言われることをそのまま実行すればいい。自分で考えるのはむしろ有害無益である。自分で考える暇があったら、「MOF担（大蔵省担当者）」というのを作り、大蔵省と情報連絡を密にすればよいではないか、というわけですが、その大蔵省がおかしくなってしまったらどうしていいのかわからない。日本の金融産業の崩壊に近い現象も、やはり開発政策のマイナスの面が現れた結果ではないか。彼らは本当はきわめて善意で、日本のことも社会のことも思っているのでしょうが、いままでは自由を与えられなかったので、主体的に判断するチャンスがなかったのです。彼らにも一つ暖かい目を注いでやっていただければありがたいと私は思うわけであります（笑）。

このようにアジアの国において、グローバリズムの問題は国や地域ごとにいろいろな問題点を発生させています。その中で無視できないのは政治的不安定ということであります。社会の中における、先ほど申し上げたような矛盾、グローバリズムが絡んだ矛盾を抑えて自国の経済発展を導くために、いわゆる開発独裁という政治体制を取ろうとする誘惑は、アジアの国の指導者には常に存在しています。日本の明治政府もそうした性質を持っておりました。「明治政府は外国に向かって国を開いたけれども、国民に対しては国を閉じた」――これは丸山眞男先生の指摘ですが、それが開発独裁につながっていったわけです。つまり民衆の自由を徹底的に制限して有無を言わせず近代的大工業を育成していった経験、こうした日本の歴史をアジア各国は調べてみているのです。

ここで想起されるのはウィットフォーゲル（Karl A. Wittfogel）という学者が――一八九六年に生まれてごく最近まで存命でいらしたので、それほど古い学者ではないのですが――「オリエンタル・デスポティズム」と呼んだ、アジアにおけるひとつの支配の形態です。中国など、農業が非常に大きな部門を占めるアジアの国々で水の統制や水位の調節のために作られた大規模な協業と組織化、それが非西欧的、半管理者的な専制権力を作り出した、と彼は指摘しています。官僚の政治的行政的機能は、アジアの政治を安定化させる上で必要な条件として考えられ、存在してきたと言えます。そういった歴史が残っていて、グローバリズムを導入するときに悪く使われますと、文化の交流その他についても非常に制約が出てくるのではないかと思います。

そうして、一度作られたシステムは逆に人々の思考様式に影響を与えます。新しく開発主義政策が採用された結果生まれた経済の二重構造のなかで、伝統的文化の担い手は中小企業であり、政府と一体になった新しい大企業は伝統を持たない組織体でありました。伝統から切り離されるということは人間を不安にしますので、より一層観念的な伝統主義を唱えたり、あるいは伝統に代わって仲間同士が集まって励ましあう――日本の財界などはだいたいそういった構造になっているわけですから、ついでに財界人にも暖かい慈愛の目を注いでいただければありがたいと思います（笑）。

グローバリズムに対する新たな視点――近代国家の枠組みを超えて

事実、財界人が官僚と較べても、あるいは成熟した中小企業の指導者と比較しても、文化的水準が高いようには思えない場合がしばしばございます。たとえば、こんなことがありました。一〇年ほど前ですが、パリで、ウルグアイ・ラウンドに経済人はどのような態度をとるべきかを議論する会議がございました。つまり、農産物を一般貿易協定に組み入れるかどうかについての国際的な会議がパリで開かれたわけです。そのときにフランスの経済界の代表が立って、フランスは農業の比重の大きい国ではあるが、農産物が一般貿易協定の中の品目になると、そのことによって世界の貿易量はたちどころに一・五—二％くらい増える。よってフランスはウルグアイ・ラウンドの成立に賛成だ。ただし、映画、雑誌、ビデオ、コンパクトディスクなどの文化財製品については一般貿易協定から除外すべきだ、という緊急動議を出しました。フランスの緊急動議が出ますとドイツが真っ先に賛成しました。スペインもベルギーも次々と賛成し、ほとんど全員賛成してしまいました。ヨーロッパ以外は日本だけから五人ほど参加していたのですが、日本はどうだ、ということになりました。結局、日本も賛成したのです。休憩になりまして、ドイツの経済界の代表の方に、「あなたはフランスの緊急動議に真っ先に賛成されましたが、何か具体的な理由があるのか」とうかがいましたら、「東西ドイツがやっと一緒になった直後なので、ＵＦＡ（ウーファ）という映画会社を再興したいと考えている——ＵＦＡという会社は『野ばら』、『会議は踊る』、『制服の処女』などの名作を世に出したヨーロッパの名門の映画会社でしたが、ブランデンブルグ州にあったために東に編入された結果、全く廃れてしまった。東西ドイツが一緒になった機会に、国のアイデンティティという面からも、ＵＦＡを再建しようということを決めたばかりだったそうです——そういうときにお金ばかりかけたくだらない映画がどっと入ってきたのでは国としても困る、だから自分は真っ先に賛成した」とおっしゃるので、私はたいへん感心しまして、帰国してから日本の経済界の偉い方一五、六人にそのことを話しました。そうしたら、「やっぱりヨーロッパは偉いね」と言った方は二人だけでした。あとの方は、「そんなことを言っているからＥＵは駄目なんだよ。だって映画なんてＧＤＰの一％あるかないかだろう」という意見でした。私はそういう人たちが指導しているのかとびっくりいたしました。そういうことでありますから、日本という国はある種のグローバリズムを非常に浸透させやすい国かもしれませんが、本当の意味での、人間という立場からみた意味のあるグローバリズムにとっては、よくない状況で、すでにさまざまな問題が出てきていると思います。グローバリズムが世界を不幸にするか、あるいはグローバリズムがわれわれを幸せにするか。これは、その傾向をどのように受け止めるか次第だと私は思います。

先ほどモラン先生もおっしゃいましたが、グローバル化のいい点というのは、いろいろな文化が自由に交流できることです。ハイブリッドのカルチャー、クレオール化したカルチャー、そういったものがどんどん新しい芸術、文学などを生み出す条件になるならば、これは人間にとって歓迎すべき点なのでしょう。

しかし、生産性の非常な上昇などによって、近代国家という枠組みがあまり必要ではなくなってきています。近代国家というのは、たとえばテリトリーがあって、テリトリーを守る軍隊があって、そのテリトリーの中での秩序を守る警察があって、テリトリーの中の経済を維持する中央発券銀行があって、ということなのですが、そういった nation state とも呼ばれる近代国家の枠組みは昔と比べると重要性がなくなってきているのではないか。まして、テリトリーを守る軍隊にはあまり意味がない。むしろ地域を共同で守るという方向に行くのではないでしょうか。そういうときに日本だけ新しく軍隊を作ろうというのは、これはどういうことなのか。私には政治のことはよくわかりませんけれども、時代がかなりずれているのではないかという気がするわけであります。しかしながら、新しい時代に即応する日本をわれわれが提案できないならば、やはりアナクロニズムに持っていかれてしまうということも大きな危険として存在しているのではないか。私にはそのように思えます。

座談会

「内面の崩壊」か、「新しい価値の創造」か

デジタル時代の芸術文化の役割

パネリスト

バッサム・ティビ（国際政治学者）

カール・アハム（社会学者）

黒崎政男（哲学／メディア研究家）

平田オリザ（劇作家）

根本長兵衛（文化／メセナ研究家、EU・ジャパンフェスト日本委員会プログラムディレクター）

司会

筑紫哲也（ジャーナリスト）

問題提起

アメリカの「冷酷な狂気」

筑紫（司会）　それではラウンドテーブルの議論に入りたいと思います。

私は文化や芸術について個人的にはたいへん興味をもっておりますが、職業はジャーナリストです。そういう人間が司会をさせていただくので、このセッションのテーマ『内面の崩壊』か、『新しい価値の創造』か――デジタル時代の芸術文化の役割」とはややずれる話題から入ろうと思います。

アメリカはまもなくイラクと戦争をしようとしていますが、そのことがこのシンポジウムのテーマである「グローバル化と文化の役割」とどう関係するのか、そのことをまずうかがいたいと思います。アメリカの作家カート・ヴォネガットは「作家にはどんな役割があるのか」と聞かれたときに、「炭鉱のカナリア」という有名な言葉を使いました。かつて炭鉱で働く人々は、人間が察知できないガス爆発や変事を予知できるカナリアを籠に入れて連れていったわけですが、そういう役割が作家にはあるということです。これは作家に限らず、広く言えば芸術家を含めた文化の担い手に共通して当てはまることではないかと思います。九月十一日のテロが起きたとき、私の周りのアーティストや文化の担い手である友人たちは激しいショックと無力感、脱力感に襲われました。ある人は歌がうたえなくなり、ピアノが弾けなくなったり、絵を描けなくなったりした人もいました。この圧倒的な暴力のもとで、文化やアートにできることはあまりないのではないかという思いを抱いた、それほど強い衝撃を受けたということでしょう。もちろん、彼らはその後立ち直ってそれぞれの活動を再開しているわけですが。

　さて、その流れの中でアメリカが始めようとしている戦争についてです。その指導者であるブッシュ大統領の知能程度を嘲笑したり、あるいは西部劇のカウボーイたちがやりそうなことだと、いわば見下げて考えたりすることは容易でもあり、文化的なスノビズムとしてはかっこいいことかもしれません。しかし、そんなことを言っていると九・一一の時と同じようにその文化の担い手たちは復讐されかねないと思います。アメリカの指導者たちが今考えていることを私は「冷静な狂気」と呼んでおります。あるいは「冷徹な狂気」、「冷酷な狂気」と言ってもよいかもしれませんが、カウボーイ的に悪漢を懲らしめるというような単純な動機で事が起きているとみるのは誤りであろうと思うのです。

　東西冷戦後、アメリカの中には新しい世界の秩序を作ることについてさまざまな考え方がありました。その一つが今日のテーマの「グローバル化」です。ご存

筑紫哲也（ちくし・てつや）

ジャーナリスト。1935年大分県生まれ。早稲田大学政経学部卒業後、朝日新聞社入社。沖縄特派員、ワシントン特派員、外報部次長、『朝日ジャーナル』編集長を歴任。1989年ニューヨーク駐在編集委員を最後に退社、以後ＴＢＳ系「筑紫哲也ニュース23」にキャスター編集長として出演。同番組は1999年国際エミー賞優秀賞を受賞した。テレビ出演、取材、執筆活動のほか、地方の「市民大学」学長も複数兼務する。『多事争論』、『筑紫哲也の現代日本学原論』など著書多数。

知のように、クリントン民主党政権下でのグローバル化は主として経済、そしてまた今日のテーマであるデジタル化、IT、コンピュータなどに重点が置かれていました。その後政権が変わり、今、新保守主義者＝ネオコンと呼ばれる人たちが描いている世界の見取り図、新世界秩序というのは地政学的な傾向をかなり強く示しています。しかも、軍事的な側面が非常に強い。こうしてある種の「世界化」が進み、「世界の新しい秩序」とアメリカが言っているものが今後どうなっていくのかという問題が浮かび上がっているわけであります。その過程で、イラクとの戦争に反対するフランスとドイツを「古いヨーロッパ」と呼んだアメリカのラムズフェルド国防長官の発言はたいへん興味深いものでした。つまり、この発言は「新しいヨーロッパ」があるという考えが前提となっています。その「新しいヨーロッパ」をきわめて端的に、政治的に表わしたのが、国防長官の発言直後にヨーロッパ八か国の首相が出したアメリカ支持の声明であります。この声明が出るいきさつは、まず経済誌『ウォール・ストリート・ジャーナル』のヨーロッパ編集長がスペインとイギリスの首相に声をかけ、この二人の首相がその他の国に呼びかけて即座にでき上がった、ということらしい。イギリスとスペインというのは――差し障りのある表現かもしれませんが――EUの中ではやや「外れ者」であります。その「外れ者」が東欧の新しくEUに入ろうとしている国々とともに声明を出す。アメリカの言う「新しいヨーロッパ」とはこういうことなのか。少なくともそうした流れが出てきている。その意味で「古いヨーロッパ」というのは、うっかり出てしまった言葉かもしれませんが、アメリカが考えているこれからの世界の見取り図に照らしてみると大きな意味があるのかもしれない。そのアメリカがイラクの戦争をきっかけに構築しようとしている世界、その地政学的な見取り図というのは――この問題を深く展開する気はありませんが――簡単に言えば、世界にはまずアメリカという国があり、そしてそれ以外の国があるのだという姿でしょう。アメリカについて、よく一国主義＝ユニラテラリズムと言われますが、単にアメリカ一国だけで動くのであれば、それは単なる単独主義です。そうではなくて、アメリカという国が一つの帝国として存在し、それ以外の世界がある、これがアメリカの政権担当者たちとその背後にいるイデオローグたちが考えているこれからの世界の見取り図であります。

そこで今日のテーマに戻りますが、このような世界状況下で文化はどういう役割を果たすのか、あるいは、ヨーロッパが「古い」と「新しい」に分けられるのならば、EU各国の文化の担い手たちはこの問題をどう捉えていくのか――これは日本にとっても重要な問題です――このようなテーマで話を進めていきたいと思います。

では、まずティビさんにこうした問題をどう受け止めていらっしゃるのか、お話しいただきます。

東西のはざまにある人間として

政治学者　バッサム・ティビ

最初に、簡単に自己紹介させていただきます。私はダマスカスではもっとも長い歴史を持つ旧家の出身です。私の家は十三世紀から十九世紀までイスラムの最高指導層に属する一族として、学問と法律の面で指導的な立場にありました。現在、私は五十八歳ですが、生まれてから一八年間シリアのダマスカスで暮らし、その後の四〇年間はドイツ、アメリカなどで暮らしておりますので、東西のはざまにある人間として、イスラムと西洋という二つの世界の緊張を常に自分自身の内側に感じて生きています。また、私はアラブ世界における人権運動組織の創立者の一人として活動を続けており、イスラムと西洋との対話構築に貢献したということでドイツ政府から表彰されたこともございます。『文明の衝突』で有名なサミュエル・ハンチントンとは友人で、ハーバードでは研究室も同じ建物にありますが、イスラムの解釈については彼とは意見を異にすることが多々あります。私自身はこうした複雑な背景をもち、相矛盾する要素を多く抱えて生きてきた人間ですが、私の発言については矛盾のない、整合性のあるものにしたいと考えています。

文化ごとに違うダイナミズム

中東という地域とその位置づけについて、しばしばアメリカの同僚とは意見が異なります。アメリカの研究者の多くは、国際社会を一貫性のある、均質な国際システムとして考えがちです。しかし、文化に関心のある人間として、また世界経済や国際政治を研究している者として申し上げますが、世界のどの地域もそれぞれの文化ごとにさらに区分けして考えなければならないと思います。文化ごとにダイナミズムが違うわけですから。中東には複数の国家が存在し、たしかに国際社会あるいは国際システムの一部を形成していますが、やはり特異な文化の影響が色濃い地域です。そして、その文化や社会の実態を外から理解することがきわめて難しい地域でもあります。この点を理解していないことがアメリカの外交政策の最大の問題であろうと思います。

中東の社会にはまだまだ旧弊なところが多く残っており、一応は近代国家の体裁を取っていても、近代は表面的なところにとどまっています。いわゆる東洋的独裁体制（オリエンタル・デスポティズム）はいたる所に存在し、イラクのサダム・フセイン、シリアのアサド、あるいはリビアのカダフィなど、独裁者には事欠きません。こうした体制下では、現代の先端科学技術が導入されても、それは市民を盗聴したり監視したりするために使われる。中東とは、独裁体制と科学技術と情報機関（秘密警察による国民の徹底的な監視と管理）が複合的に機能する、アラビア語で「ムハバラート」という政治的風土が根強く残る地域なのです。歴史的には、まずフランス革命後、次にファシズムつまりナチスの崩壊後、中東諸国でも民主化の動きが生まれました。そして、東西冷戦が終焉して民主化の第三の波が押し寄せてきています。同じ民主化の波が南米、アジア、アフリカにも押し寄せていますが、中東におけるこの第三の波は弱々しく、ほとんど無いに等しいと私は考えています。

こうした中東地域に対するアメリカの外交戦略とは

どういうものなのでしょうか。サウジアラビアはすでに制した。対イラン政策の一環としてフセイン政権を後押ししたのは欧米であったが、結果的に見込み違いで、中東の民主化は成就しなかった。今度はサダム・フセインを攻撃、排除し、彼に代表される中東地域の独裁政権を崩壊に追いやり、そして民主化を広める——こうした考えがブッシュ政権の中東外交戦略のようですが、果たして成功するものでしょうか。私はうまくいかないと思います。というのは、民主化というのは人から強引に押し付けられるものではなく、下から価値観が構築されていかなくてはならないからです。その意味で、まだ中東には新たな価値体系がありません。根本さんのお言葉を借りれば、中東の「文化の再活性化と創造」こそがまず必要なのであり、飛行機が兵器とともに空から民主化を落とすようなことはできないはずです。

バッサム・ティビ（Bassam Tibi）
プロフィールは31頁参照。

修復しがたい亀裂と憎悪

ここで少し歴史の話をいたしましょう。中世の中東においてジハードはイスラム主導のグローバル化のための戦争でした。ジハードに抗してキリスト教徒がイスラムに対しておこなった戦争、これが十字軍です。私が子供の頃に教わった歴史とはジハードと十字軍の戦いの歴史でした。すなわち、キリスト教（西洋）とイスラム（中東）との対立の歴史です。両者の対立は中世に始まり、十字軍の後には西洋による植民地政策が始まった。植民地主義とその支配は十字軍から宗教を取り払ったかに見えるが、それは見せかけで、イスラムを攻撃する十字軍であることに変わりはない。現代の科学技術も西洋が仕掛ける新しい十字軍なのだ――このような教育が今なお続き、このような考え方をする人も多い。十字軍の記憶はイスラム世界にかくの如く深く根付いているのです。ですから、サダム・フセインはイスラムの世界でも人気者ではありませんが、アメリカによって彼の人気は上がりつつある。ビン・ラディンについても同じことで、アラブの人々にはこの二人が西側に雄々しく対抗しているように映るのです。

戦争に突入すれば、サダム・フセイン政権は三週間から三か月くらいしかもたないだろうと言われていいます。では、サダム政権崩壊後に一体何が起こるのでしょうか。イスラムと西洋との間に修復しがたい亀裂と憎悪が発生し、文化的に深刻な問題が起こり得ます。戦争当事者間の和解には相互を信頼し、受け入れるようになることが必要ですが、そのような和解は不可能でしょう。それどころか、現在のパレスチナ問題をさらに拡大し、結果としてイスラムと西洋の溝はより深まることになります。ハーバード大学で心理学を講じるユダヤ人のハーバート・ケルマン教授は、二〇年間にわたってイスラエル・パレスチナ紛争解決のための実験的ワークショップを開いてきました。パレスチナ人とイスラエル人を四名ずつ招いて、心理学教室で三日間話し合いをさせるものです。最初は全員が怒鳴り合うだけですが、二日目には相手の言うことに耳を傾けるようになる。そして三日目には呉越同舟ではあるが、ともかく同じ船に乗り合わせている、協力しなければ船は進まないということがわかってくる。こうした継続的努力がオスロ和平合意（一九九三年）に結実したのです。私もこのワークショップでケルマン教授と一〇年間一緒に仕事をしていますが、今や合意の精神はどこかに吹き飛んでしまったようです。中東はいまだに外側からは理解されず、イスラムと西洋の間の誤解と相互不信は拡大し、互いに相手を受け入れることができない、このような状況でイラク問題は進展してきました。このまま戦争になれば、その後遺症は長く続くことになるでしょう。戦争を機に中東に新秩序をもたらし、民主的に安定した地域にするということはとうてい無理だと私は考えます。

「善悪」という二項対立からの脱出

社会学者　カール・アハム

司会　では、次にアハムさんにうかがいたいと思います。オーストリアとドイツはいわば同じ文化圏、言語圏に属しているわけで、ラムズフェルドの言葉を借りると「古いヨーロッパ」に入るのかもしれません。ドイツのフィッシャー外務大臣がアメリカとの最近の確執のなかで「大きなスイカが一つ、数個のリンゴがあって、あとは皆えんどう豆――世界はそういうものだと理解した」と語ったと伝えられています。つまり、われわれは「えんどう豆」だということでしょう。「数個のリンゴ」というのは国連安保理を構成する核保有国で、一つだけある「スイカ」は言うまでもなくアメリカのことです。ヨーロッパ、とりわけ「古いヨーロッパ」はこうしたアメリカ主導のグローバル化とどう付き合っていくのかたいへん興味深いところでありますが、アハムさんはどのようにお考えでしょうか。

石を捨て玉をとる努力を

そもそも「古いヨーロッパ」と「新しいヨーロッパ」という分類はアメリカの政権に関わる一部の人たちが持ち出したことで、そうした分類法に正当性、妥当性があるとは思えません。たしかに、「新しいヨーロッパ」の諸国、とりわけ新たにＥＵに加盟するチェコ、ポーランド、ハンガリーなどの東欧諸国は、もともとのＥＵ構成国からの助成や支援をこれからも必要とするでしょう。しかし、そのことを新旧の対立として捉えるのは適切ではないし、ＥＵの全体像をこれから描いていくうえでもマイナスにしか働かないと考えます。

さて、筑紫さんも言及された、アメリカ主導のグローバル化が文化にどのような影響を与えるのかという問題についてです。活字文化の独占的な時代が終焉を迎え、ＩＴ革命なるものが自由な市民型コミュニケーションの世界的なネットワークを構築できるのか、また、それによって新しい芸術や新しい価値が生まれるのか、という抽象論から先ほどのイラクの問題に橋を渡してひと言申し上げたいと存じます。

まず、新しい価値体系や新しいメディアがもたらす芸術とは何ぞや、ということです。電子メディアのおかげで、政治、経済、文化において、歴史と現在を結びつけることが可能になりました。もちろん、そこにはゴシップや噂話など、くだらない、取るに足らない情報が玉石混淆ですべて入ってきます。このような情報の氾濫のなかでわれわれはゴミをちゃんと捨てられるような眼を養っていかなければなりません。テレビというメディアは結局のところ道徳や芸術の緊急課題に対して私たちの目を開かせることはなかったのだと思います。伝統や倫理観、あるいは美の価値や基準についても、われわれは暗闇から脱してはいません。社会における道徳や倫理といった規範的要素の動揺や崩壊の状態を、フランスの社会学者エミール・デュルケムはかつてアノミーと名づけました。歴史を振り返ると、われわれの社会はしばしばアノミーの状態に陥ることがわかりますが、常に人類はその混沌のなかに何とか秩序を構築しようとしてきました。私たちもこの情報過剰の時代のただ中で、石を捨て玉をとる努力をしなければなりません。

スーパーヒーローの神話

混沌から秩序を築き上げようとする、その過程で神秘主義が出てくることもあるし、神話が作られることもあります。事実、世界起源や人類の誕生についてはたくさんの神話が語られてきました。自分たちの習慣、制度、国家そのものを神秘主義や神話で説明して、その正当性や根拠を求めようとするわけです。このような神話は現実のことがらと、こうありたいという願望をつなぐものですが、それでもやはり自己と世界についての一定の真理を含んでいます。もちろん、ネガティブな神話が作られることもあり、たとえば二十世紀の歴史ではヒトラーなどはネガティブな英雄の代表でしょう。現在、アメリカのタカ派はイラクのサダム・フセインをヒトラーと呼んでいるようですが。

現代はすべてを善悪に分けてしまうような単純な二極構造の神話が広まりつつあるようです。「ならず者国家」あるいは「悪の枢軸」という表現もこの傾向の表れだと考えられます。こうした言葉を使うアメリカは歴史上常に宗教的な国家であり、湾岸戦争も宗教的な、絶対的な価値で評価されました。すなわち、善悪の、正邪の、英雄対圧制者の戦いであると解釈され、連合軍はまさに神の側について湾岸戦争を戦ったのです。このように救世主、救済というテーマでスーパーヒーローが活躍する神話が広められているわけです。現在のアメリカ大統領もそのような英雄に自己投影しているのかもしれません。

現代ではポピュラー文化としての映画が良い意味でも悪い意味でも神話を作り出す装置として機能していると言えるでしょう。そして、善悪の二極構造を強調するような英雄映画の代表的な作品として『インディ

カール・アハム（Karl Acham）

グラーツ大学社会学科教授。1939 年生まれ。グラーツ大学で哲学博士号と教授資格を取得。1971 年以降同大学で教鞭をとるほか、ドイツ、カナダ、ブラジル、中国、日本など、国外での客員教授経験も豊富。西洋思想史、理論社会学、文化社会学の専門的・学術的著作のほか、文化や社会の諸問題を論じる評論も多数発表。「2003 年欧州文化首都」に指定されたグラーツの芸術文化事業の一環として、グローバル化を多角的に論じる国際セミナー「マスターマインズ」シリーズを企画・主宰。

ペンデンス・デイ』、『エアフォース・ワン』、『ランボー』などがあります。バッサム・テイビさんはクリフォード・ギアーツを引用して「人類の歴史は意味を生産してきた歴史であり、意味は文化的なものである」とおっしゃいましたが（三四頁参照）、私たちはこの映画からどのような意味、そして文化を読み取るべきなのでしょうか。たとえば、『インディペンデンス・デイ』のあらすじは、エイリアンが地球を襲い、アメリカ大統領が世界を救うためにこの終末的な戦争を戦うというものです。最終的にはアメリカとその代表者たる大統領が救世主として地球を救う、つまり宗教も文化も違う地球上の全人類をアメリカが救うのです。しかし、ここで留意すべきなのは、地球人同士であってもこの対立構図は成立してしまう危険があるということです。私たちはこのような偏見やいわゆる「善悪」というような単純な二項対立から抜け出して、美学、倫理、価値観など、それぞれにおいて独自の新しい基準を探さなくてはならないのだと考えます。

「差異が大事なんだ」という芸術家

劇作家　**平田オリザ**

司会　どうもありがとうございました。言うまでもありませんが、アメリカ映画は八〇％以上のシェアで世界の映画市場をガリバー的に支配しており、私たちは日々それを浴びるような環境で生きているわけであります。映画は文化のグローバル化の議論のときに必ず出てくるテーマの一つで、もちろんその影響は無視できないものですが、ただ、アメリカによる映画市場の支配を批判するだけでよいのか、という思いもあります。また、ご存知だと思いますが、現在、東京で非常に評判になっている——観客数が多いという意味ではありません——『ボウリング・フォー・コロンバイン』というアメリカ映画があります。アメリカの文化がいかに銃で支えられているかを描いた作品で、この映画を見ると、私たちが見慣れているハリウッド映画、力でものごとを解決していく映画もこうした銃の文化に支えられているということが裏から見える映画です。そして、この作品もまたアメリカ映画であるわけですが。

さて、アハムさんから文化のありようと現実との深い連関についてご説明いただいたので、そちらの方に話を移していきたいと思います。文化の受容と発信との関係の中でこのテーマがあることはモランさんのお話の中にも充分ありましたが、平田さんはこの問題をどのようにお考えになっているのでしょうか。

私は学者ではないので、そんなに論理的な話はできませんが、経験したことについてお話をしたいと思います。

芸術文化、広い意味での文化には大きな役割が二つあると考えています。一つは人類の同一性をもたらしうる、ということです。たとえば、私たちが経験したいちばん身近なところで言えば、昨年ワールドカップが開催され、サッカーという文化を通じて、私たちはもしかしたら世界が一つになれるかもしれない、お互い共通の言語を、サッカーという言語を、持てるかもしれないという希望や夢を抱くことができました。それはたいへん素晴らしいことだと思います。もちろん、問題はたくさんあると思いますが。

芸術文化のもう一つの役割は、とくに芸術の場合ですが、一人一人の差異というものを非常にはっきりさせることです。これは最初に筑紫さんがお話しになった「炭鉱のカナリア」と同じことだろうと思うのですが、芸術は私たちが見過ごしてしまうような「差異」をはっきり見せ付けることができるということです。そして、私たちが何かに熱狂したり興奮状態にある時に、後ろから肩をたたいて「いや、ちょっと待ってくれよ。私たちはそんなに一つの集団として熱狂できるようなものではないよ」と語りかける、そういう役割があるのだと思います。

『東京ノート』の経験から

私はヨーロッパではフランスで仕事をすることが多いのですが、ジャーナリストにいちばんよく聞かれる質問が、「三島由紀夫のことをどう思うか」あるいは

「三島由紀夫さんとあなたの作品は全く違うけれども、どうしてだ」というものです。たいへん光栄には思いますが、そう問われても困ってしまいます(笑)。フランスでは日本の劇作家の作品が上演されることがほとんどないので、「三島由紀夫以来」ということがいつも必ず売り文句となり、そうした質問が出てくるわけです。こういうときに僕が必ず答えるのは、三島さんは、明治維新からほぼ百年間ずっと西欧、西洋に追いつき追い越せということをやってきた日本文化の究極の形、三島さんという天才がなし得た究極の形ではないかということです。三島さんの戯曲は小説以上にきわめて論理的に緻密に構成されています。私たち日本人からすると、日本人は絶対にこのようには喋らないと思うほど、三島戯曲の登場人物は論理的に喋ります。ヨーロッパの演劇を構築している対話の論理というものをどうにかして日本語に当てはめて作った、奇跡のような作品なのです。日本の演劇界にとって、ヨーロッパの演劇を真似るということは非常に切実で、今でもたまにありますけれども、かつては皆、髪を金髪に染めて鼻をつけてヨーロッパ人を演じていた。それくらい切実なことでした。しかも、三島さんの作品の内容は、もちろん作品によって違いますが、全体的に非常に日本情緒というかジャパネスクな世界が描かれています。「ヨーロッパの論理で語られた日本」が描かれていたわけですから、ヨーロッパの方にとってはとても理解しやすいものだったわけです。

一方、僕の作品では、フランス人の若者が喋っても、アメリカ人の若者が喋っても変わらないような内容が話されます。その点で僕の作品は翻訳しやすいようなのですが。たとえば、上演回数がもっとも多い『東京ノート』という作品は美術館が舞台になっており、若者たちがフェルメールの絵の話をしたり、サン＝テグジュペリの小説の話をしたり、ケストナーの童話の話をしたりします。どこの国の若者が喋っても全く同じような内容になります。実際、アメリカ公演のときに「なぜ登場人物は日本人なのにヨーロッパの絵の話ばかりをするのか。これはアメリカ公演だからわざと台詞を変えているのか?」と質問され、僕は「日本人はいつも生け花をして、折り紙を折り、浮世絵を眺めているわけではない」というふうに答えました。皆さんの中でもたいていの方は好きな画家としてヨーロッパの画家の名前を挙げるのではないでしょうか。逆に、高校生や大学生で「北斎が好きです」と言ったら、少し変わった学生ということになる。つまり、もはや私たちのコンテンツは同じである。しかし、コミュニケーションの仕方は全く違う――これが私の演劇の特徴だと言えます。会話が全く論理的ではなく、あちこちに話が飛んで一向に定まらない。僕は日本ではリアリズムの作家と言われますが、アメリカでは多くの人からベケットのようだ、不条理な作家だと言われます。つまり、日本人の会話やコミュニケーションを徹底的にリアルに描くと、それはヨーロッパの方から見ると不条理演劇に見えるということなのです。これはどちらが正しいというわけではなく、異文化というのは不条理に見えるということなのかもしれません。

要するに、三島さんと僕の作品では内容と形式、コ

平田オリザ（ひらた・おりざ）

劇作家、演出家、桜美林大学文学部総合文化学科助教授。1962 年東京生まれ。国際基督教大学卒業。在学中より劇団「青年団」を主宰。1995 年発表の『東京ノート』（第 39 回岸田國士戯曲賞受賞）は五か国語に翻訳されている。国内外の演劇ワークショップや海外の演劇人とのコラボレーションにも積極的で、2002 年日韓合同企画『その河をこえて、五月』の作・演出を手がける。演劇のほか、教育、言語、文芸など多方面の評論活動でも活躍。近著『芸術立国論』で第 7 回ＡＩＣＴ演劇評論賞受賞。

ンテンツとコミュニケーションの手段というものが、クロスして異なっているわけです。僕の作品が多少なりともヨーロッパの方たちに受け入れられているのは、そのことにヨーロッパの演劇人たちが非常に興味を持っているからだと思っています。世界中がハンバーガーを食べてコカコーラを飲むようになっても――すなわち、コンテンツは同じになっても――その食べ方や飲み方はあと百年や二百年は違うだろうということです。そして、その食べ方や飲み方を描くことにのみ芸術の価値はあるのだと思います。このことはヨーロッパにおいてはより切実で、ボスニア・ヘルツェゴビナの紛争の時にヨーロッパの人々が何に驚いたかというと、サラエボの人々が週末にはウィーンにオペラ鑑賞に行くというように、非常にヨーロッパ的な生活を送っていた。しかし宗教だけが違った。食べ方や飲み方が違うように、祈り方だけが違ったわけです。そのことに彼らはあらためて気がつき、驚いたのです。

グローバル化する世界における現代芸術の役割

グローバル化あるいは市場経済というものは、こうした人間の細かい差異を無視して、荒々しく一つの統一性を求めていく方向に動きやすいものです。その時に私たち芸術家ができることは、「いや、ちょっと待ってくれよ」、「私たちはこんなに違うじゃないか、あなたたちにとっては――『あなたたち』というのは、経済人、政治家、あるいは軍人であるかもしれません――取るに足らない差異であるかもしれないが、私たちにとってはこの差異が大事なんだ」と言うことではないか。たとえば、韓国でも日本でも箸を使って食事をしますが、韓国では食器を置いて、スプーンでご飯とスープを食べます。私たち日本人はお茶碗を持ち上げて食べます。もしお互いに逆のことをやれば、礼儀作法にまったくかなっていないことになる。これは箸の文化を共有しているからこそ起こるコンフリクトなわけですが、そんなものはすべて無視して、荒々しく手づかみでハンバーガーを食べてしまえばいいじゃないかという話になってしまいがちです。そこをやはり一歩とどまって――僕はよく大学の学生たちには「ドッコイ生きている」というのですが、その「ドッコイ生きている」ところを示すのが芸術家の役割で、そこがいちばん重要なことだと思います。

市場経済よりもグローバル化よりも何よりも、軍隊や軍事行動は統一性を強く求めます。たとえば、日本の国語というのはまさに軍隊のためにその統一が急がれました。薩摩の将校の命令を津軽の兵隊が理解できないのでは困りますから、国民国家の軍隊には統一された国語がどうしても必要となります。そうして、軍事というのはまさに人間の小さな差異というものを無視して荒々しく進んでいくものです。ですから、九・一一の時も現在もそうですが、芸術は無力ではあるけれども、その役割は非常に重要になってくるだろうと僕は考えています。

もう一つだけ申し上げると、日本の特殊性というのはやはりあると思います。近代以降の日本では、芸術というものは外から来るもので、ヨーロッパの芸術を規範として、それを目指してきました。ですから、芸術はたいへんありがたいもので、人間を成長させてくれるもの、ポジティブなものと考えられてきました。また、そうでなければ芸術ではないとも考えられてきました。しかし、今も言いましたように、芸術というのは逆にネガティブなものであったり、進歩を押しとどめるものであったり、「ちょっと待ってくれよ」と注意を促すものでもあり、それが芸術の大きな役割であるし、今はそちらの役割のほうが大きくなっているのではないでしょうか。日本の社会にこのことを理解してもらうのはたいへん難しいことですが、私たちはそのことを粘り強く言っていかなくてはいけないのだと思います。

デジタル時代の「内面の崩壊」

哲学／メディア論研究家　黒崎政男

司会　日本では、外から来る文化に対する需要が近代化の過程で強かったわけですが、今日のテーマであるグローバル化についても、あるいは具体的にデジタルの問題についても――この場合はアメリカですが――外側からの圧力に日本が合わせるという構図があり、さらにその圧力に対する抵抗もあるわけです。そして、その抵抗を支えているものにはかなり文化的な要素が多いというのが今の状況なのだろうと思います。

　黒崎さんはこうした問題の研究をお続けになっていますが、その前にカントの研究者でもあります。今日のテイビさんの講演では、イスラムとヨーロッパがどう折り合うかという話のなかでカントの「民主的平和」という概念が提示されました。この点について言及すべきことがあれば――なければ結構ですが（笑）――お話しいただきたいと思います。

はい。カントを振られるとは思いませんでしたけれども、ごく簡単にお話ししておきます。カントはあまり具体的にポジティブな内容についてコメントをする人ではない。むしろカントの主張というのは、加藤周一先生が午前中の講演でお話しになったように（二八頁参照）、「かのように」の哲学と言いますか、「als ob」あるいは「as if」――あたかも価値が普遍的であるかのように考えて、やってみようじゃないかと、そういう態度を取っていた人です。具体的にこれは絶対良いのだという積極的な発言をしたというよりは、ものを考えるときに、どういうふうに考えるとそれは普遍的になる、どういうふうに考えるとそれは個別的な次元になるのか、ということなどを考えた人なのですね。

　たしかに、カントの小論『永遠平和のために』は国際連盟というアイデアのもとになったり、今日のEUの発足につながっていきます。個々の国家を超えた「世界市民」主義の主張や、外国人が他の国の土地に足を踏み入れる場合の「訪問の権利」をはじめて主張するなど、見るべき点も多い。他方で、人類の歴史で戦争が絶えたことがないのを知りながら、永遠平和という空論を唱えた理想主義者と見なされたりもします。ですが、国家間の自然状態は「戦争」状態で、平和はわざわざ「作り出される」べきものだ、というのがカントの基本ですし、「永遠平和はもちろん一個の実現不可能な理念である」と明言しています。やはり、カントにとっても「永遠平和」は「かのように」の哲学なのですね。それにしても、マルクス主義の衰退で、ヘーゲルの株価が下がりすぎて、その影響でカントに光が当たりすぎているという気もします。まあ、カントの問題はこれくらいで勘弁していただいて……。

書物文化の衰退

今日はテーマが『内面の崩壊』か、『新しい価値の創造』か」、つまり、デジタル時代に内面や価値はどうなるのかという話が基本になっていると思うので、私は政治的な、個別的な、あるいは軍事的な、あるいは

黒崎政男（くろさき・まさお）

東京女子大学文理学部哲学科教授。1954年仙台市生まれ。東京大学文学部哲学科卒業。同大学院博士課程修了。カント哲学を中軸に、人工知能、電子メディア、カオスなど、コンピュータと人間との基本的なかかわりを論じる。最新テクノロジー、文化トレンドについて新聞に連載執筆するほか、著書に『デジタルを哲学する』、『カント「純粋理性批判」入門』、『カオス系の暗礁めぐる哲学の魚』、『哲学者はアンドロイドの夢を見たか』など。

経済的な話からちょっと逃れて、原理的というか抽象的な話をしてみたいと思います。つまり「内面の崩壊」とデジタル時代というのがどのように結びついているのかという問題を考えてみたい。

「内面の崩壊」と書いてありますけれども、内面が崩壊するためには、もちろん内面がどこかで成立したということになるわけです。おそらく一般に言われるのは、それは書物文化、グーテンベルク・テクノロジー、活字文化によって人間の中に内面、インナーセルフといいますか、セルフが成立したのだと。それが人類の知的な、共通の遺産になった。同一のテキストが大量に時間と空間を超えて世界中にばらまかれることによって、たとえばイマニュエル・カントというドイツのかなり端の方にいたおじさんの思想を二百年も後のわれわれが一字一句間違いなく読むことができる。そういうことによって知的文化が成立したのだが、それは言うまでもなく書物文化、グーテンベルク・テクノロジーによるものだと言っていいのだと思うのです。このような教養や知的共同体といったものが崩れてきていると言われるときに注意しなければならないのは、崩壊の過程がメディアの推移から見ると二段階を経ているということです。書物文化の衰退というか崩壊は、今日ではもう二段階目のかなり後ろの方で、かなり衰退しきっている段階に入っているということをまず確認しなければならない。

第一段階目というのは十九世紀後半から二十世紀にかけて起こった、さまざまなメディアの登場によるものです。それは写真であったり、音を保存するテクノロジーのオーディオであったり、あるいは映画であったりするのですが、これらが出現する中で、情報の運び手として独占的な地位を担っていた活字文化というのが一度相対化されるわけですね。活字以外にもさまざまなメディアがある。映画があるじゃないか、音があるじゃないかと。そこに前世紀の中頃にラジオとテレビというニューメディアが登場することによって、書物文化が支えていた知的な共同体というのは一度崩壊するというふうに言われるわけです。たとえば、先ほどティビさんがフランクフルト学派のアドルノのお話をなさいましたが、アドルノとホルクハイマーが一九四〇年代に書いた『啓蒙の弁証法』という本があります。その中でもすでに文化というのはどんどん衰退していくのだと言われています。テレビというのはラジオと映画をミックスしたものなのだが、美的なものの貧困を極限まで推し進めるのだと――別に筑紫さんがいらっしゃるから言っているわけではありませんが――テレビは芸術を完全に貧困化させるのだという伝統側からの批判が二十世紀の中頃にすでにあったわけです。

0と1の世界

その段階では、テレビと書物はどういう関係にあるのか、マンガと書物はどうなのだという形で長々と議論されてきたわけです。しかし、今日もう一段階新しい崩壊の過程が加わったと言ってよい。それがデジタル時代だということです。デジタル時代というのは単純に言いますと、あらゆる情報を0と1の単純な情報にすべて落とすということです。具体的にはどういうことかというと、それまではテレビであれ、ラジオであれ、写真であれ、書物であれ、情報というのはすべて物質的な素材の上に載っていたわけです。たとえば、いちばん古い情報というのは石の上に文字が書かれていますけれども、それは石という物体の上に情報が載っている。書物だったら紙という物体の上に情報が載っている。写真だったら印画紙の上に、フィルムだったらスクリーンやフィルムの上に情報が載っていたわけです。このような情報を物質から取り外して、0と1の情報にすべて還元するというところが、デジタル革命、IT革命の本質だと私は思っています。

そして、インターネットというネット社会の到来とともに、あらゆる情報が世界中を一瞬にして流通するようになった。その根本は情報が物質性から逃れたからです。情報が物質から離れたがゆえに、インターネットの上を文字情報であろうが動画情報であろうが写真情報であろうが音情報であろうが、すべて同じ情報の一種類として走るようになったわけです。ここではすでに書物文化を脅かしていたテレビ文化も、映画も、写真も、すべて同一の0と1の情報に落ちる。このことで書物文化はさらに相対化されていく。さらに場所がなくなっていく。そういう形を書物文化は経てきているのだと思います。「内面の崩壊」がもしも書物の成立と書物の衰退につながっているとすれば――内面が崩壊していくとすればですが――それは書物文化が二段階にわたって衰退したということに基づいているのではないかと思います。

情報の値段とは？

0と1にすべてが還元されるというデジタル化の本質というのは、今言ったように、非物質化、情報の脱物質化というところに根源があると私は考えています。ここから次の三つの問題が出てきます。一つは、情報の値段というのは一体何だったのかという問題。次に、時空を超えて匿名性が成立しているように見えるが超監視社会が成立しているという問題。これも実は非物質性ということの上に載っているのですけれども。そして最後に、これまでの活字文化の文字信仰というのが根本的にどういうふうに崩れるか。この三点についてお話ししたいのですけれども、よろしいでしょうか。

司会　はい、どうぞ。

情報の値段とは何なのかと考えると、たとえば私が本を書いたときに「いい本を書いたなあ」と、書いた内容に値段がついていると思っているわけですね。ところが、本を出すときにいろいろやってみると、「先生の本は千部しか売れません。費用がこれくらいかかりますから、はい、割り出して、定価は五千円です」と言われる。はじめは「おっ、私の本はやっぱり内容がいいから五千円なんだ」と思っていますが、売れないから高くなるのです。部数が刷れないから、高くなるわけですね。一万部も刷れたら、千円くらいの本になる。つまり、私の書いた本の情報の値段はどうやって決まっているかというと、情報そのものの値段ではなくて、情報を載せる本を作る制作費によって決まっていたということになる。

昔からレコードは二八〇〇円くらいです。子供のときからずっと、いまだに卵の値段のように変わらずに二八〇〇円か二千円くらい。そして、たとえばギターソロのレコードのLPでも、フルオーケストラやオペラのレコードでも、やはり二千円なのですね。買うときはおかしいと思いませんが、考えてみればおかしい。どういうことかというと、二千円というのはレコードという物質の値段なのです。レコードの中に情報は入っているけれども、情報の値段というよりはレコードの値段だった。今、たいへん面白いことが起こっていて、『Oxford English Dictionary』という非常に素晴らしい、人類の知的遺産ともいうべき、イギリスのオックスフォードから出ている辞書がありますが、日本で買うと一八巻で四〇万―五〇万円している。それが一〇年前くらいにCD‐ROMに入ったわけです。CD‐ROMの値段はどうなるかと思っていたら、たしか一枚で二五万円くらいでした。どうやってその値段を決めたかといえば、書物を買うのと同じ価値があるから二五万円で売っていた。ところが、ここ数年くらいでそれが一〇万円になり、いつのまにか六万になり、四万になっている。結局、それはCDを作る値段と言うと怒られますが、CDに載る情報の値段として、今後流通していくだろうと思います。

そうなると、われわれは情報の値段というのは内容についていたと思っていたのですが、実は情報を運ぶ、出荷されるパッケージ、その入れものの値段だったのだということがだんだんわかりはじめている。つまり、音楽の世界でいちばん顕著ですけれども、SPレコードを作る値段がレコードの値段で、それがLPになり、CDになる。そして今はMP3という形でインターネット上を飛び交う音楽情報になっている。それはほとんどタダなわけです。費用がかからないわけです。そのことで、いろいろな著作権問題が起こっていますが、著作権を守らなければいけないというよりも、そもそも著作権というのは何であって、いつ成立してどう保護されてきたのか、それは何のためだったのかということを考えなくてはいけないと思います……が、この問題はさておいて、脱物質化するということは、つまりビジネスが成り立たない。従来のビジネスが成り立たないというよりは、極端な言い方をするとビジネスそのものがある種崩壊していくのではないかというふうに私は思っています。それがデジタル化の本質である脱物質性の一つ目の論点です。

匿名性と監視社会

二つ目は匿名性と監視社会についてです。この前、有名作家の事務所に脅迫状をEメールで送っていた人が捕まったというニュースが出ました。書いている方はインターネットだから匿名だと思って書いているわけです。ところが、インターネットというのは見事なほどすべての来歴が残る。ですから、どこから発信したか、どういう機械を使ったかということがわかる。ちなみに、メールが来たときにソースを見れば、この人はマックを使っているのか、ウインドウズを使っているのか、バージョンは何を使っているのかということも全部送られてきているわけです。実は、この社会というのは、電話を使ったり、クレジットカードを使ったり、あるいは町を歩いても、すべてが記録されていて、ますますその傾向は強くなっていく。それがなぜ非物質性に関係するかといいますと、今まではたとえば五〇億の人について一人一人、昨日何をして、何を買って、いくら払ったかということを紙で記録していったら――それは日本中の一億人についてでも、この会場にいる人についてでも――その記録は全く無意味になる。情報が増えれば増えるほど、紙の時代には有用性は減るわけです。ところが、デジタル情報はすべて非物質化されるために、あらゆる情報をためておくことができる。かつ、検索装置という恐ろしいものによって、ずっと沈殿していたいろいろな情報を一瞬にして取り出すことができる。そういう意味で、非物質化によってわれわれの時代と言うのは、ミシェル・フーコーが注目した監獄のシステム、一望監視装置（パノプティコン）の時代になっていく。

三点目は文字信仰がどのように成立し、崩れるのかという問題です。たとえば、ホームページの書き換え、改ざんということがよく言われます。今は大学入試の合格発表までインターネットでおこなわれますが、インターネット上の文字というのは物質がないので、書き換えが容易に可能で、しかもその痕跡が残らない。世の中を混乱させようと思ったら、ある入試の発表の合格者名簿を一回改ざんして、さらに数日後に戻しておけば――そういう悪いことをする人はいないと思いますが――インターネットの信頼性は一瞬にして滅びるわけです。語り言葉は消えてしまうけれども、文字というものは非常に信頼できるとずっと思ってきました。しかし、文字そのものの性質が信頼できるというよりは、文字が一回書かれたら消えないような物質性の上に刻まれたが故に信頼できていたのであって、インターネット上の文字と言うのは実は水の上に書かれたようなものでしかない。

書物文化の話に戻りますが、まさにあのグーテンベルク・テクノロジーによって書物の文化が成立したと同時に、文字信仰も成立してきた。そしてその信仰は物質の上に刻まれることによって成立してきた。しかし、文字がインターネット上の不安定な文字になることによって、文字信仰も更に弱まっていくだろうし、そういう形の中で書物文化が衰退してきた。そのことと内面の崩壊がもしもリンクしているとすれば、内面の崩壊はどうしても起こってしまうでしょう、という話です。

司会　その先をうかがいたいことがたくさん出てくるお話でした。文字の持つ力、あるいは文字と人間の個体との関係についてはいろいろ議論のあるところだと思います。たとえば今日のシンポジウムも、文字信仰の強い人はここで聞いていても不正確にしか聞こえないので、いずれ本になったらそこで確かめようと考えるでしょう。しかし、今、ここの一瞬だけが問題であって、文字になったものは死骸にすぎないという考え方もあるわけで、個人が時代にどうアプローチするかという問題も含んでいるのだと思います。

では、ここでこのシンポジウムを企画した根本さんに、これまでの議論の中で言うべきこと、さらに先に進めたい議論を出していただきます。

諸外国と異なる日本の文化状況

文化／メセナ研究家　根本長兵衛

今黒崎さんがお話になったことは、世界同時的な現象ですね。私は長年メセナという企業の芸術文化支援の仕事に取り組んできたのですけれども、日本の文化状況というのは、アハムさんのお国のオーストリア、先ほど平田さんが言及されたフランス、どこの国でもいいのですが、西側諸国とまったく違うのではないかと思います。私は世代からいっても筑紫さんのいう活字人間の典型のような存在で、この座談会のテーマに「内面の崩壊」という危機感の強い言葉を採用したのも、活字人間的発想に基づくものだと思います。もちろん、今の日本も、ＩＴ革命の深刻な影響、活字文化の急激な衰退など、他の国々同様、さまざまな世界同時性の現象に直面しています。しかし、外国の方と文化の問題で議論するときには、まず諸外国と大きく異なる日本の文化状況をはっきりさせておかなければならないと思います。

誰も知らない文化芸術振興基本法

実はこの企画を考える段階で、事前に筑紫さんや加藤周一先生に何度かお目にかかり、その際、一昨年の暮れ、平成十三年十二月七日に公布された文化芸術振興基本法を話題にいたしました。加藤先生は現代日本の超ど級の大文化人でいらっしゃるのですが、私の話を聞いて「へーっ」と驚かれ、「ちょっと説明してよ」と言われました。これまでの発言からおわかりのように、筑紫さんといえばニュースキャスターでいちばんアートに詳しい方ですが、彼の返事も「よく知らない」というものでした。何とも不思議千万な話です。文化庁が文部省内に創設されたのはは一九六八年ですが、長い間、芸術文化に関する基本的な、根幹的な法律は存在しなかった。その空白を埋めるべく「文化芸術振興基本法」と銘打った法律が誕生したのですから、大変なビッグニュースであるはずです。ところが、アートを最も愛するニュースキャスターである筑紫さんにもまったく関心を示されず、古今東西の芸術文化に精通される加藤先生もご存知ではない。これはたいへん奇妙な現象と言わざるを得ない。筑紫さんや加藤先生がおかしいのか、あるいは法律がおかしいのか、どちらかということになりますね。

司会　両方ともおかしい、ということもあります（笑）。

たしかにそれもあり得ます（笑）。しかし、この会場にいらっしゃる方々のなかで、そういう法律が一昨年の暮れに出たということをご存知で、その中身をよく理解されている方はほとんどいらっしゃらないのではないでしょうか。戦後はじめてそういう文化に関する法律ができたのです。たとえば、平田さんのような方はそういう法律が必要だと、新聞などで再三強調されていたと記憶しています。ですから、当然ビッグニュースとして喧伝されてしかるべきなのに、朝日新聞も他の全国紙もほとんど問題にしなかった。ＮＨＫや民放

根本長兵衛（ねもと・ちょうべい）

前共立女子大学総合文化研究所教授、ＥＵ・ジャパンフェスト日本委員会プログラムディレクター。1932年東京生まれ。早稲田大学大学院博士課程修了後、1961年朝日新聞社入社。パリ支局長、ローマ支局長を経て「日仏文化サミット」日本側事務局長、論説委員。1990年に退社、以後10年間（社）企業メセナ協議会専務理事。また、ＥＵ・ジャパンフェスト日本委員会プログラムディレクターとして、日欧文化交流、日本の文化行政について積極的な提言を続ける。著書・訳書に『フランス』（監修・共著）、『シモーヌ・ヴェーユ著作集』など。

各社も黙殺に近い態度でした。しかし、報道や世論がこのニュースを無視したのは、ある意味で当然だったといわざるを得ない面があったようです。原因は、基本法自体が場当たり的で、総花的に全部を支援対象に盛り込んだ、きわめて実効性の乏しい、ずさんな法律だったからです。たとえば、文化芸術の振興の対象は何かというと、落語、漫才、演歌、それから相撲、剣道、柔道、そしてアート、平田オリザさんがやっているような前衛的な演劇も現代造形美術も、全部ひとからげに支援対象だと書かれている。省庁の中でも乏しい予算しか持ち合せない文化庁にそんなに財源があるわけではないし、国がこの法律成立を機会に文化予算を大増額するととくに約束したわけではない。だとすれば、このような法律ができても具体的に文化状況が改善される見込みは一切ないということになります。羊頭狗肉、絵に描いた餅のような無内容な法律ですから、メディアも世論も本気でこの法律を取り上げようとしなかったわけです。私個人としては、メディアにはそのような無内容な法律がなぜ国会を通過したのか、ぜひ鋭い批判を展開してもらいたかったのですが……。批判がないというのも、やはりおかしな現象だと思いますから。

三C文化の国、日本

文化芸術振興基本法の問題は、戦後半世紀以上が経過したにもかかわらず、現在の日本には依然として文化政策や文化行政のはっきりした理念が存在せず、文化芸術とどう取り組むのか国の姿勢もきわめて曖昧だということを暴露しました。私見ですが、私はその背景を理解するためには、われわれ日本人の戦後の文化観を再検討してみる必要があるとつねづね考えてきました。敗戦の衝撃で、日本人は過去の芸術文化の遺産や伝統を自ら一切放棄し、新しい文化を模索することを余儀なくされました。その深刻さは戦勝国、敗戦国を問わず他に例のない事態だったと思います。一時は文化立国を夢見た時代もありましたが、経済大国化の道を歩み出すとともに精神性や創造性を尊ぶハイ・カルチャー志向は次第に影をひそめ、結局、現実的な生活向上を文化的向上と取り違える文化観が国民の間に広まり、定着するようになったわけです。独断に過ぎるかもしれませんが、このような文化観の尺度になったは、三つのCだと私は考えております。すなわち、コンヴィニエンスストアのConvenience（便利さ）、それからComfortable（快適）、そしてClean――日本人は清潔好きですから――この三つのCが上昇することが個人や家庭の文化度が高くなっていくことだと広く一般に信じられるようになったのです。トータルに考えると、どうもこの三つのC的な発想が戦後の文化状況を大きく歪める作用を及ぼすことになったようです。その結果、精神的価値や芸術創造を重視する傾向が薄れ、先ほど平田さんが言いましたけれども、演劇などというのは全部外国のもので間に合わせる、国内で新しい演劇を作り出していこうという意欲や努力が国にも国民にも希薄な状態が長く続いたわけです。明治以来の伝統という問題もありますが、戦後五〇年、半世紀が経って、経済大国になったけれども文化は貧困だとアーティストを含めて国民の多くが認識し、批判している。それなのに、基本法のような法律ができてしまう。誰も本気でそれを批判しようとしない。このような日本の文化状況は、不可解なミステリーと言わざるを得ないと思うのですが、いかがでしょうか。

それからもう一つ、黒崎さんに関係のあるＩＴの話をしたいのですが、たとえば、高名な日本の批評家の方々が最近の一〇年間は日本経済、金融にとっては「失われた一〇年」だったと口を揃えて指摘されました。ところが、ある評論家は「いやそんなことはない、日本の若者文化の隆盛を見ろ」という反論を展開しました。日本の若者文化はマンガ、アニメ、パソコン・ゲーム、ジャズと多彩な分野で、アジアを席巻しているではないか。台北、ソウル、上海にどんどん広がり、さらにパリやニューヨークにも青い目のオタクたちの専門店が出現しているではないか、と言うのです。これは別に政府が後援しているわけでも何でもないのですが。日本の文化交流は今までは歌舞伎、お能、三島由紀夫など、古典やハイ・カルチャーが中心だったが、これからは日本の若者文化が世界中の若者に大量に受け入れられるようになる。これは日本の二十一世紀の文化のあり方に大きなプラスになるはずだ、と主張する人も増えているようです。

オタク・ジャポニカ

しかし、そうした手放しの若者文化礼賛論とひと味違う、辛口の現代日本文化論を書いた外国人もいます。たとえば、フランス人のエチエンヌ・バラールさんという人が『オタク・ジャポニカ』という本を書いています。この本は日本語にも翻訳されています（河出書房新社、二〇〇〇年）が、その中で、彼は次のように結論しています。日本は情報が過剰な社会である。それから消費が過剰な社会でもある。そして教育過剰現象がみられ、受験戦争の熾烈な社会だ。この三つの過剰に押し潰されそうな日本の若者たちは、そこから逃れて自分を取り戻すために何があるか必死で求めていた。たまたま0と1の新しい機器が若者文化の道具として出現したので、彼らはそこに閉じこもるようになる。それがオタク族の登場だというのです。そういうオタク文化が世界に出て行く。なぜ、それがさまざまな国の若者にも受け入れられたかというと、台北でもソウルでもパリでもニューヨークでも行き場のない若者が増えているからで、それらの国々でも拘束され、管理が徹底した社会で生きにくい青年たちがオタク族になって自己のカラに閉じこもる傾向が見られる。ポケモンに始まって、日本の機材メーカー、ゲームソフト・メーカーが世界の若者相手に新しいガジェット（新奇な流行商品）やソフトを大量生産して荒稼ぎしようと躍起になっています。それはそれで現実に需要があるので、性急にそのよし悪しを言えないと思いますが、それが将来の世代にどのような影響を及ぼすかということは、よくよく考えてみる必要があると思います。

こんな経験もあります。フランス人を連れてコンピュータですべてをコントロールするモデルハウスを見に行きました。こんなふうになったら憂鬱だろうなあ、と私は思いましたが、そのフランス人は冷笑的な笑いを浮かべて、「これが進歩なのか」と憮然として言い放ったのです。それからもう一つはペットロボットですね。日本では愛称をつけたりして「可愛い」という。ヨーロッパ人だったら、「愛玩機械動物」の出現に肯定的な人より否定的な人の方が断然多いと思います。その人が活字人間か否かを問わず、半分以上の人が無気味だと思い、気持ち悪がるのではないでしょうか。

討論

司会　これまで、午前中の講演を含めて、きわめて刺激的な問題が提起されています。たとえば、ティビさんの講演でイスラム世界には近代を文化的な価値と道具（＝科学技術）とに分けて考える、文化と技術の特異な受容形態があるという話が出ましたが、これは日本の近代化における「和魂洋才」という考え方と非常に似ております。

　また、ティビさんは「グローバル化」と「価値の普遍化」とは同じではない、ということもおっしゃっています。これは今日の議論の中でもたいへん重要な部分です。黒崎さんが言及されたデジタル化の進み方、マーケットを支配するルールとしてのグローバル化――これは要するにアングロ・サクソンの手法を世界化しようとするものだという声が絶えず出てくるわけですが――これらをどう整理して議論をするのかという重大な問題も浮かび上がってきたと思います。

効率は人間生活にプラスかマイナスか

司会　商業化や産業化が進む中で、電気冷蔵庫を作ることと文化とは何が違うのかについてモランさんが話されました。創造性がなければ商品としても成り立たないとも考えられるわけで、問題は創造性と商業化との関係、あるいは何をもって創造性というのか、ということなのでしょう。先ほどアメリカ映画を例に挙げましたが、観客としてのアメリカ人が何を見たがるかという競争の中で、映画には物語として一種の創造性がある。しかし一方で、映画は商業化、産業化の枠の中で作られていることも事実である——こうした多種多様な分野にまたがる問題があぶり出しになってきたわけです。

それから、根本さんのロボットの話にも関連しますが、グローバル化のなかでスピード、時間も大きな問題です。効率という問題もあり、これが人間の生き方にとってどれほどプラスなのかマイナスなのかという問題も大きなテーマだと私は考えています。グローバル化、あるいはIT化、デジタル化というのはスピードを非常に重視するものです。七倍速で一年が動いていく犬の時代、さらに、一二倍速のねずみの時代。このように、私たちはどんどん新しい時代に入っていくわけですが、速いことはいいことなのかという議論も当然出てくるはずです。

残り時間も少なく、これらの問題をすべて論じるのは難しいので、ここで基本テーマに戻りまして、今、デジタル化の時代に起きていることは、「内面の崩壊」なのか、「新しい価値の創造」なのか——どちらだと思っているのかをご出席の皆さんにうかがっていきたいと思います。では、ティビさん、どうぞ。

日本の近代化——価値体系を変革したのか

ティビ　日本のことをあまりよく知らないものですから、一つ質問をさせていただきたいのです。ヨーロッパで暮らしてきた者として、また、いろいろな国の文化を多少なりとも学んできた者として、日本の近代化の歴史にはたいへん関心があります。たとえば、十九世紀から二十世紀にかけて、エジプト、オスマン帝国、そして日本の三か国がヨーロッパの軍事力を輸入しました。非西洋の世界が最初に触れた西洋近代の文化や文明というのは、まずその軍事力だったわけですが、

それぞれの国の受け入れ方法とその後の展開について
ＭＩＴ（マサチューーセッツ工科大学）のデヴィッド・ロールストン教授が比較研究をしています。それによると、この三か国は自主的にヨーロッパから兵器輸入を始めますが、日本だけがその後自らの手で兵器を製造し、自力で軍備を整えることができるようになった。このことから、日本が近代化していく過程において、異なる文明をどのように学び、受け入れたのか、そしてどのように新たな創造性と価値体系を作り出したのか、以上についてお教えいただきたいと思っています。

神道研究の権威であるハーバード大学のヘレン・ハーデカー教授は、日本では価値体系の本質において著しい変化を体験した、神道も変化してきたと言っています。イスラムの場合には価値の変化は起こっていません。日本の場合、他国のものをまずは受け入れる。たとえば、コンピュータも取り入れた。一方、エジプトがコンピュータを導入するというときに、原理主義系の新聞が「技術のイスラム化」を唱えました。そこで私はその新聞の編集長に「コンピュータはコンピュータで、アメリカのコンピュータもイスラムのコンピュータも変わらないだろう」と言いましたら、「イスラムのコンピュータはイスラムのためになるもので、アメリカのものとは違う」という答えが返ってきました。そして、コンピュータが故障したら、「また新しいコンピュータを買えばよい」と言うのです。おわかりだと思いますが、日本ではコンピュータを自国で生産しているのに対して、われわれイスラムの世界は日本の第一段階、つまり外から取り入れる段階でとどまっている。日本もたしかに外から取り入れるところから始めたのでしょうが、それを自分で使いこなすだけでなく、自分で作るようにもなり、さらに新しい価値体系を作る第三段階にまで進むことができたわけです。

今日の日本の状況を見るかぎり、日本は成功裡に近代化――アメリカ化とも言えるのかもしれませんが――できたのだと思います。そして、それでもやはり日本の伝統や文化はまだ脈々と息づいているようにみえます。日本は先進国となったが、イスラムはまだ開発途上で、コンピュータを輸入するにとどまっている。

イスラムの世界では、これから取り入れたものをこなし、自力で作り、さらに新しい価値体系を作り出さなければならない。近代化をめぐる両者のこの違いはどこから来るのか、それをうかがいたいと思います。

司会 先ほどティビさんと話しているときに、「西洋近代の価値と道具としての科学技術とをはっきり分けて、価値を拒絶して道具を受け入れるという動きがイスラム世界にあったように、われわれも近代化の過程で『和魂洋才』を経験している」と申し上げたら、ティビさんは、「同じように見えるけれど、日本の方がずっと妥協的、compromisingだったのではないか」とおっしゃった。それが一つの答えだろうと思いますが、ここで黒崎さんにもお答えいただきましょう。

黒崎 グローバル化と価値の普遍化は同じなのかという話からまず……。アメリカ的ローカリズムの単なる世界制覇ではないかという側面がやはりどうしてもあるわけですよね。だけど、それはたまたま大きなスイカがアメリカだったというだけで、もしも状況が変わればフランスのローカリズムがグローバル化したかもしれないし、ドイツの、日本のローカリズムが世界化したのかもしれない、という側面がある。では、それは普遍的なのかとつい言いたくなってしまうのだけれども、そこで言われている普遍的な価値というのはそもそもあったんだっけ？というふうなことがやはり問われなければいけない。グローバリズムはローカリズムの拡大じゃないか、だからそれは個別的な価値じゃないかというときに、そこで反対側に省みられている普遍的な価値というものをわれわれはすでに百年以上前から失っているかもしれない。そうすると、普遍的な価値をどこかで見つけるというよりは、相対的な価値の中でどうやっていくかということに過ぎないという問題に落ち込んでいくかもしれない。それが一点。

それから二点目。「内面は崩壊したか、新しい価値の創造か」といったときに、そもそも〈内面〉という発想自体がかなり歴史的産物かもしれない。ヨーロッパのデカルトあたりから始まって、二十世紀の前半くらいで終わる、ある種のわれわれのノスタルジーなのかもしれない——と言うとちょっと言い過ぎだとしても、です。書物がわれわれの教養の最大の源泉だという発想も歴史的である可能性が高い。たとえばわれわれが「電話はいいけど携帯はいやだよね」と言うときに、なぜ電話はいいのだろうというと、それは慣れているからですね。おじいちゃんは「電話はだめだ、手紙じゃなきゃ」と言うのですが、飛脚がなかった時代に手紙なんていうそんなに非人間的なものはなかったはずです。そういう意味で言うとわれわれは常に歴史的相対的な存在です。たとえばプラトンは、文字を発明したから人間は堕落し、書物に頼るようになったのだと言っている。われわれが絶対的な存在と思っている〈内面〉だとか書物なども、どれくらい歴史的な存在であるかということを検討しなければならない。

人間にとってのスピード

黒崎　三点目として、筑紫さんが高速化、スピード化の問題に触れられました。私もデジタル革命のいちばん根本的な問題は高速化の問題、つまり同時性と言いますか、世界同時性という問題だと思います。ADSLでも一・五メガを買ったら「八メガになりました」、「一二メガどうぞ。ただで使って下さい」というふうに、コンピュータの世界では、とにかく速いことがいいという動きがどうしてもある。速さだけが価値である。その中でいかに〈ゆっくりさ〉というものを確保するのかということは、かなり困難で深刻な問題だと思います。われわれは生物ですから、ある種の判断をしたりする時に、一定の時間というものが必要なわけです。たとえばいつも象徴的に思うのは、アイルトン・セナがF1のグランプリで時速三百キロ以上出して激突して死んでしまったことです。あの時にも最後のネックは人間のネックだというふうに言われて、他は守ることができるけれど、ネックは守れないと言われていた。人間の生理というか、生物そのもののリミットを、テクノロジーは超えてしまっている。これは外的な身体性の拡張についてですが、今おこなわれているインターネットによるスピード化、高速化というのは明らかにわれわれの神経系の拡張です。そして、これも生体的なリズムやスピードを超えていっていると思われます。

しかしその時に、ゆっくりであることやタイムラグが必要であること、あるいはスローフードがよいということ、それをポジティブな価値としてどうやって表明していけるのか。つまり、今までは速いことがいい、効率的であることがいい、という価値観の中でやってきたわけです。もちろん、われわれの身体はすでにわかっているのです。ゆったりでなければならないことがある。ワインはゆったり熟成しなければならない。……とにかく時間をかけなければいけないことがあることをわれわれは知っている。しかし主観的な思い、つまり個人的な生活で、社会の動きから逃れて自分だけがゆっくりしようという形でしか、〈ゆったりさ〉を確保できないのであれば、それはいかにもまずい。ゆっくりであること、スローであること、タイムラグがあることを、効率性中心の価値観に抗して、ポジティブな価値として語っていけるかどうか。このことは、おそらく、今後われわれが救われるのか、壊滅的になっていくのかの分岐点になるのではないかと思います。

アハム　新しい価値の創造がテーマになっていますが、新しい価値と呼べるのは何か、という問いから始めたいと思います。人工授精の研究が進み、試験管内で子供を作ることが可能になったことは本当に新しい価値なのか。六十歳になっても子供が産めるということ、これが新しい価値なのか。新しいことが可能になったというだけで、それを新しい価値として考えるべきではないと私は思います。こうした問題についての評価はたいへん難しいものですが、新しいことの意味を検証することなしに価値と考えるべきではありません。われわれは変化に取り巻かれていますが、その一つ一つを新しい価値として捉えようとすると、時間に負けてしまいます。「文化の時間差」という有名な言葉がありますが、物質文化の進歩や発達の時間と、法律や道徳、あるいは宗教的な心情などの変化との間には時間差があるのです。一方に技術、科学、組織や集団の行動や理論などがあり、もう一方にはいわゆる精神的な価値体系というものがあり、もちろん後者の変化のスピードが遅いというわけです。

「西洋に追いつけ追い越せ」の意味

アハム そう考えると、明治維新というのは――間違っているかもしれませんが――新しい価値の創造が目的ではなかったとも思えるのです。むしろ、日本の伝統や文化、価値を尊び、保持するという目的があったのではないか。しかし、西洋の技術、軍事、科学などをある程度導入しなければ、古代から続く日本文化を保つこともできないという事情があったのではないか。すなわち、新しい価値を作るためだけに動くのではなくて、新しい可能性や発見によって過去から続く文化を保っていくという対応もあるのではないか、ということです。

空想的にすぎると言われそうですが、日本と中国の太平天国のことを比較してみますと、中国には「西洋に追いつき追い越せ」という発想はありませんでした。日本の場合、「西洋に追いつき追い越せ」という態度がなかったならば、今日の日本はないでしょう。ということは、日本にとっての近代化はやはり日本古来の伝統と文化を守るためだったと言えるのではないでしょうか。

ティビ 午前中の講演で、私はすでに「半近代性(semi-modernity)」という言葉を用いました。近代というものを文化や価値の体系と科学技術や道具の二つに分けて、後者だけを取り入れる態度のことですが、半分ではなくて完全に近代性を取り入れることもできるはずです。

そこで、私は皆さんにぜひお答えいただきたいことがあります。しつこいようですが、どうしても知りたいことなのです。日本は近代化し、今やイギリス、ドイツ、フランス、アメリカにもひけを取らない先進工業国です。しかし、イスラムの国々はいまだに工業国ではありません。製品を輸入して近代化の果実を取り入れても、その国が近代化したことにはなりません。自動車を運転している人が多くても、自動車をその国で作っていなければ近代化したことにはならない。日本ではコンピュータも自動車も生産している。このような状態を可能にしたのは、日本が価値体系を変えたからなのでしょうか。それとも価値体系を変えることなしに近代化できたのでしょうか。

イスラム世界における価値の問題

ティビ　価値体系を変えるというのは、まず伝統を見直したうえで、そこにダイナミズムを導入するということで、昔ながらの価値を捨てるということではありません。十九世紀末から二十世紀初頭にかけて、いわゆるイスラム改革がありましたが、決してイスラムの伝統を放棄するものではなく、イスラムを見直す試みでした。しかし、イスラムにとって価値を変えることを難しくする最大の問題は、コーランという絶対的な制約があるということです。一般のムスリムにとって――私は違いますが――コーランは神がモハメッドに直接与えた言葉であり、あくまでも守らなくてはならないものです。ですから、価値体系を変えるとか、何かを新しくしようとするとき、コーランの教えに合致しているか否かが常に問題となり、教えを逸脱しての変化や革新はあり得ません。私を含めて、欧米にいるイスラムの近代化を求めるムスリムは皆、イスラムの再定義をめぐるこの問題で頭を悩ませています。もしもカイロでこんな疑問を持ち出したなら、「お前は異教徒だ」と言われて殺されかねないのですが、幸い私は日本という安全な国におりますので、さらに質問を続けたいと思います。革新とは一体何なのでしょう。日本は価値体系を自ら変えようと努力し、実際に変化をもたらし、その結果、近代化を達成できたのだと私は理解していますが、どうなのでしょう。

日本は完全に近代化されましたが、われわれイスラムの世界は半近代のままです。その差は何なのでしょうか。半近代の実例を挙げましょう。九月十一日のテロが起こったとき、イスラム・スンニ派の最高権威である人物が「同時多発テロを引き起こした一九人の実行犯は真のイスラム教徒ではない」と発言しました。なぜならば、飛行機を操縦し、携帯電話やインターネットを使用して、つまり高度な近代技術を使いこなしてあのテロをおこなった。だから、彼らはイスラム教徒ではないというのです。しかし、彼らの国籍はさまざまでしたが、もちろん全員がイスラム教徒で、そして、全員がコンピュータや飛行機の操縦などの技術を学んでいたのでした。まさに彼らは「半近代」であったわけです。

司会 先ほどから繰り返しティビさんが答えを出せとおっしゃるのですが、この問題は日本人論でもあり、明確な答えを出すのは難しいと思います。が、経験的な例を示すことはできます。その昔、日本の企業経営者は近代化のためにアメリカで経営学を学びましたが、彼らは皆同じことを言っていました。日本経済が後進性を脱し、近代化するためには、終身雇用、年功序列、企業内労働組合、この三つを克服しなければならない、というのです。ところが、その後日本は経済的に奇跡と言われる成功を収めました。すると、同じ経営者たちがその成功の秘密をどのように説明したか。日本は「終身雇用、年功序列、企業内労働組合で成功した」と言いました。そして一〇年前から日本の経済が壊れ始めて、いま何を言っているかというと「リストラ」です。つまり、終身雇用、年功序列、企業内労働組合をなくそうとしているわけです。

一神教的世界と多神教的世界

司会 つまり、ここにある答えは何かと言うと、「容易に変わる」ということです（笑）。では、なぜ変わるかと言えば、実はティビさんが先ほどお触れになった、神道とイスラム教のそれぞれの世界観に関係があると思います。ティビさんは日本に神様が何人いるかご存知でしょうか。八百万人いるのです。イスラム教は一神教で、唯一の神を信じるか信じないかの宗教です。ですから、多神教的な世界と、転向する場合には大変な精神的な荷物を乗り越えなければいけない「信じるか否か」という宗教と、私は基本が違うと考えています。

ついでに申し上げれば、ティビさんの同僚の一人、ハンチントンの「文明の衝突」というセオリーに私はあまり賛成ではありません。なぜかというと、いま起きていることは、文明の衝突というより同じ文明の仲間喧嘩です。キリスト教もイスラム教もユダヤ教もすべて一神教で、歴史的に同じところから生まれている。その同じ文明のなかでの戦いであって、本当に深刻な文明の衝突が将来起きるとすれば、実はアジア的な多神教とキリスト教を含めた「真理は一つ」という一神教の文明との間に起きるのではないでしょうか。

ただ、それほど深刻な衝突は起きないのではないかとも思います。モランさんがおっしゃるように、すべてに両義性があると考えれば、異なる文明間の間隙に新たな文化を作っていく可能性をわれわれ人類は持っているのではないかと思うからです。

司会者が喋りすぎてはいけません。平田さん、どうぞ。

平田　テイビさんのご質問にお答えしながら、デジタル化の問題につなげる——劇作家ですから、そういう捏造は得意なので（笑）、それに挑戦してみたいと思います。

僕の答えはあまり面白いものではありません。僕のオリジナルの見解でもありませんが、日本は近代化以前にも貨幣経済が発達していたということは言えると思います。演劇に例をとりますと、十八世紀の歌舞伎にはチケットを買って劇場に観に行くというシステムがすでにありました。当時こういうシステムを持っていたのは、世界中でヨーロッパの一部と江戸、大阪だけでした。ドイツではルートヴィッヒの時代ですから、オペラというのは王様が作って人民に見せるものだったわけです。日本ではある種の偶然が重なって、貨幣経済というものが武家社会とは別にあった。そして、韓国にはそれがなかった。ですから、文化的には日本よりも優れている面をたくさん持っていた韓国では多少近代化が遅れて、そのタイムラグに乗じて日本が植民地化してしまった。一応断っておきますが、これは日本が悪いのであって、正当化しているわけではありません。

インターネット時代の演劇

平田　その背景には、筑紫さんがいまおっしゃったような、貨幣経済や商業を忌み嫌わない特異な宗教観があった。イスラム教では金融は不浄なものとみなされ、それができないわけですね。キリスト教社会も本来そうでしたが、それでは整合性がつかなくなったので、プロテスタンティズムが出てきた。日本にはプロテスタンティズムも宗教改革もなかったのに、お金儲けの神様が奉られている。僕は中小企業の社長ですから、財布の中には商売の神様のお守りが入っていますが、こんな便利な国はあまりないのではないかと思います。

日本の近代化にはこうした背景があったわけですが、私たちはやはり大きな代償も払ったと思うのです。私たちの身体をヨーロッパ的にするために、体育という科目をつくり、国語という科目をつくり、音楽や美術を習い、好きでもない歌を歌わされ、身体を慣らしてきたわけです。いま、そのツケが回ってきていて、現在の日本の非常に閉塞的な状態がある。演劇もまさにそうだと思います。演劇を皆さんがあまりご覧にならないいちばんの理由は、非常にクサくて、わざとらしくて、ということだと思いますが、あれは西洋人のように喋ろうとするからです。私たちの言葉の内側から出てきたものではないものを無理やり輸入してしまったからだと僕は思います。ですから、いま、一三〇年間のツケをいろいろ払わなければならない。そう考えると、どちらが幸福かわからないと思います。

貨幣経済というのは文化にとって非常に重要なわけですが、黒崎さんのビジネスが崩壊するのではないかという話とつながるところがあると思います。僕は、チケットを買って演劇を観に行くというシステムはあと二、三〇年で崩壊するのではないかと考えています。このシステムは近代という特殊な枠組みの中での関係なのであって、もともと演劇というのは神社仏閣の縁日の客寄せとか、引越しや結婚式のお祝いで三河万歳みたいな形で演じられるものでした。チケットを買って劇場に観に行くのは本当に特殊なことで、これはいずれ崩壊するだろう。そして、早く崩壊した方がいいと思うのです。そうでなければ演劇は生き残っていけない。

新しいメディアができたとき、それ以前の似たようなメディアはその内実を問われるものです。たとえば、写真が出てきたとき、画家はびっくりしたでしょう。「どうしよう、俺たち？」と。いままで何かを絵画で記録してお金をもらっていたのが、もらえなくなったわけですから。そこではじめて印象派が出て、ピカソのような作品が出てきて、絵画の本質とは何なのかについて考え始めたわけです。映画が出てきて、はじめて演劇の本質が問われた。テレビ、ラジオが出てきて、やはりさまざまなものの本質が問われた。いまコンピュータ社会になって、教育もジャーナリズムも本質が問われていると思います。これまで先生というのは、師範学校に行ったり、東京の大学に行ったり、戦後は外国に行ったりして、ある特殊な知識を得て、その知識を分け与えることによって商売が成立していました。まさに貨幣経済の中で成り立っていたわけですが、いまや子供たちはインターネットでどこからでも情報が得られるようになってきた。つまり、教師の本当の役割とは何かということが問われる時代になってきたのです。このように、すべてのビジネスモデルが崩壊していく。おそらく映画やテレビはものすごく大変だと思います。テレビは収入の九〇％をＣＭに頼っている歪んだ産業ですから、いちばん大変だと思います。演劇というのは元が適当なので、生き延びる道はあるでしょう。もともと芝居はお金を払って観るものではないのです。僕は健康診断みたいなものだと言っています。皆さん、企業や学校の健康診断に直接お金は払わないでしょう。あれは企業や学校がどうしても必要だから受けさせるわけです。僕の芝居もそんなもので、僕の作品を観て何も感じない人はちょっと危ない兆候だとか、感じ方によってその人の精神状態の危機の具合がわかる。アートはそういう役割になっていくのではないか。インターネット時代には娯楽は買うものではなくなり、全部無料になっていくだろうと思います。

つまり、新しい価値の創造ではないかもしれないけれども、これまでのメディアすべてがその価値をもう一度問われる時代になっているのではないかと思います。

ユビキタス社会は来るのか

司会　予定時間を過ぎています。全体のコーディネーターとして根本さんはこれまでに充分喋っていると思いますが（笑）、それでも何か付け足したいことがあればどうぞ。

根本　では短く一つだけ。コンピュータ文化というのは不可避的で避けられないのかもしれない。人間はどんどん受け入れていかなければならないのかもしれない。そういうふうにも考えられますが、たとえばクローン人間が作れるとしても、作らないという選択を人類がすることは可能ですね。つまり、コンピュータは人間が作ったものですが、その発展を全面的に阻止することは産業上の問題がいろいろあって不可能かもしれないが、少なくともある分野での発展に異議を申し立てることは可能です。一つの結論として、たとえばお掃除のロボットに仕えられて、エンターテインメントもパーソナル・エンターテインメント・ロボットというものに遊んでもらって、そして非常に快適である生活——ユビキタス社会というのはそういう方向にいくのだと思うわけですが、それには断固としてノンと言いたい。どうせそんなに長生きしないからいいのですけれど（笑）。ですから、やはり選択できる余地もあるのではないか、それをどうするかという問題は残るのではないかということを申し上げておきたい。

司会　平田さんのお話で思い出したことがあります。一昨年、オペラ史上最大の巨人ヴェルディの没後百年ということで、世界中でイベントがありました。本人はものすごい売れっ子だったのですが、当時「いまは売れているが、俺のオペラなんて死んだ後はたかだか二〇年しか持たないよ」と言っていたそうです。しかしながら、百年経っても世界中であれだけ騒いだわけですね。

私は、テレビはどうなるかわからないけれど、演劇は残っていくと思います。「健康診断」とおっしゃいましたが、いまは健康ブームですよね（笑）。なぜ健康ブームかというと、一方であまりにも「ロボット化」が進み、何もかも完璧になっていくとき、人間は必ず自分が生き物だ、生き物としての人間だということを実感したくなるのです。たとえば、私はある落語家を繰り返し聞いていますが、この人は決して完全な落語をやらない。彼のＶＴＲもカセットも出ているのに、彼の高座に行くのはなぜかというと、やはりすべてがメカニックになればなるほど、不完全なもの、生きているものを見たいという気持ちが出てくるのでしょう。ですから、健康診断ではなく健康ブームとして、人間のバランスをとるために、芝居やライブ・パフォーマンスなるものを観に行くのだと思うのです。今日のシンポジウムもそうでしょう。かなり苦痛だろうと思います。聴衆の質問を許さないのですから（笑）。にもかかわらず、こうして大勢お入りいただいているのは、やはりここで生で観ることに意義を見出されているのだと思います。

日本人は何の苦痛もなくひょいひょい変わってきているわけではない、ということについて平田さんも先ほど触れましたが、私もティビさんへの回答としてもう一つ付け加えたいことがあります。〔ポケットから千円札を取り出して〕これはわれわれが普段使っている最もポピュラーな千円札で、ある作家の肖像が描かれています。この作家はある意味で日本近代の矛盾を一人で背負ったような人です。つまり、われわれは急いで着物から洋服に着替えて、近代化・西洋化の方向で生きてきましたが、どこかで落ち着かないところがあり――「引き裂かれた自己」という言い方を夏目漱石自身はしていますが――それがたぶん今日のテーマが出てくる背景にあるのだろうと思います。グローバル化にどんどん付き合う。もしかしたら、愚かな政治家はまもなくある戦争にまで付き合うかもしれません。そういう態度を取りながらも、自分の中には引き裂かれたものがあり、たとえば、絶対的な真理があるとする一神教的なものの考え方についていけない。そういう問題を自ら引き受けたのが、たとえば夏目漱石だったろうと思います。そうした問題は、彼の肖像が入ったお札がいまなお続いているように、われわれの間に続いているわけで、このシンポジウムをやる背景とも連動しているのではないかと思います。

第二部

分科会Ⅰ

講演　マリーズ・コンデ（作家）

パネリスト　イ・ヨンスク（社会言語学者）

四方田犬彦（映画論／比較文化研究家）

平田オリザ（劇作家）

カール・アハム（社会学者）

司会　三浦信孝（フランス文化社会問題研究家）

異文化交流と言語の創造力

三浦（司会）　おはようございます。シンポジウム二日目、分科会Ⅰは、「異文化交流と言語の創造力」というテーマで、五人のパネリストで進めてまいります。ご覧になってすぐお気づきと思いますが、昨日との大きな違いは、昨日は男性ばかりだったのに対し、今日はパネリストの中にお二人、女性をお迎えしております。

グローバル化とクレオール化

司会　グローバル化と文化を巡る日欧対話、二日目の冒頭に、なぜマリーズ・コンデさんにキーノートをお願いしたか、簡単にご説明します。昨日は、イスラム圏出身のバッサム・ティビさんが日欧対話の間に割って入り、いわば第三項からの視点を提供してくれました。マリーズ・コンデさんもまた、日欧対話にとっては第三項的な位置にあります。彼女は最近までニューヨークのコロンビア大学で教えながら小説を書いてきた黒人女性作家であり、便宜上、国籍はフランス人ですが、この日欧シンポジウムに、フランスあるいはヨーロッパを代表して参加しているわけではありません。むしろ彼女は、日欧の文化対話に欠けているアメリカと「南」からの視点を同時に補ってくれる存在だと思っております。アメリカといっても、ここでは合衆国を指すのではなく、ヨーロッパに対し「新世界」として開拓されたアメリカ、それも複数形のアメリカを指します。なぜなら彼女はカリブ海出身でニューヨークに住んでいる、カリビアン・ディアスポラの代表的な作家の一人だからです。昨日のエドガー・モランさんの表現を借りるならば、トランスカルチュラルな地球の現実を、身をもって表現している作家だと言っていいでしょう。

コロンブスによる大西洋横断の航海の後、ヨーロッパからの入植者が新世界に移住して建設したアメリカ、これはヨーロッパがヨーロッパとは違うものを生んだという意味で、いい意味でも悪い意味でもヨーロッパが生んだ鬼子です。コンデさんが生まれたグアドループという島も、コロンブスによって「発見」された西インド諸島の一つですが、十七世紀の前半にフランスの植民地になりました。歴史的に考えてみると、ヨーロッパとアフリカとそれからカリブ海、この三つを結んで、奴隷の輸送を中心とする「三角貿易」が始まり、奴隷制プランテーションによる砂糖生産が生む富が、ヨーロッパの近代資本主義を離陸させた重要な要因であることは、今日、「世界システム論」の常識になっています。「グローバル化」という会議のテーマですが、これは冷戦後の現象として語られがちですが、実はコロンブスに始まったヨーロッパによる新大陸の「発見」、あるいはヨーロッパによる世界制覇という非常に長期的なグローバル化のプロセスの最終段階がいまのグローバル化だと言うこともできます。それを「世界のアメリカ化」として捉える人もあるでしょう。

コンデさんはアフリカからカリブ海に強制的に移住させられた黒人奴隷の遠い子孫ですから、歴史的グローバル化の産物です。彼女は若いときに島を出て、フランスで勉強し、それからルーツを求めて父祖の地アフリカに渡ります。一九六〇年代の、独立して間もないアフリ

三浦信孝（みうら・のぶたか）

中央大学文学部教授。1945年盛岡市生まれ。東京大学教養学科フランス科卒業後、パリ・ソルボンヌ大学に留学。慶應義塾大学総合政策学部教授などを経て現職。専門はフランス文化社会論。著書に『多言語主義とは何か』、『言語帝国主義とは何か』、『普遍性か差異か』、『フランスの誘惑・日本の誘惑』(以上編著)、『現代フランスを読む――共和国・多文化主義・クレオール』、訳書に『越境するクレオール――マリーズ・コンデ講演集』など。

カの各地で十数年暮らし、作家として成功してはじめて三十年ぶりくらいで故郷の島に帰り、その後アメリカの大学に招かれて教えている、という経歴の方です。

要するに、三世紀以上にわたって何千万というアフリカ人がカリブ海や南北アメリカに運ばれた歴史、これは「ブラック・ディアスポラ」と言えますが、その後二十世紀に入って、黒人達のアフリカ帰還運動、Back to Africaですね、あるいはパンアフリカニズムの運動が起こりますが、いまやそれを凌ぐ規模で、カリブ海から先進国へと、逆方向でディアスポラの波が起こっています。ここ一〇年ほど、日本でも話題になっている「クレオール」という言葉ですが、これはもともとアメリカの植民地生まれの白人を指す言葉でしたが、その後転用されて、ヨーロッパとアフリカ各地からの民族の移住と混淆によってカリブ海の島々に生まれた混成言語、あるいは混成文化のことを指すようになります。グローバル化をキーワードとする現代世界にあって、大航海時代のあとカリブ海域で起こったクレオール化は、いま、多かれ少なかれ世界のあちこちで起こっている動きを先取りしているのではないか。したがって「クレオリゼーション」という言葉は、グローバル化と並ぶ、しかもグローバル化と対抗するもう一つのキーワードになり得るのではないか。つまり、異文化間の接触、対立、融合による文化変容、あるいは新しい文化の創造原理として注目に値するのではないかと思うのです。

冷戦後のグローバル化は、国家主権を超えて移動する資本の運動、文化をも商品化する市場原理の支配によって特徴づけられるわけですが、それによって世界各地で文化的なアイデンティティの危機が引き起こされている。宗教の違いによる文明間の対立を「文明の衝突」と呼んだり、あるいは覇権的な文化による伝統文化の駆逐、これを「文化帝国主義」と呼んだりすることがあります。しかし同時に、グローバル化の時代は大量の人口移動の時代でもあり、したがって異質な文化の接触によるクレオール化の時代でもあります。現代は歴史の暴力が引き起こした異文化間の混淆と融合による新しい文化創造が、さまざまな矛盾をはらみながらも形をとり始めた時代なのかもしれません。図式的にいえば、西洋が西洋以外を、北が南を征服する、支配する、これが近代の植民地主義の歴史だったわけですが、逆に今度は南から北への人口移動によって周辺的なマイナー文化の浸透による文化のハイブリッド化が起こっている。ワールドミュージックがその典型です。民族離散を意味するディアスポラと文化の異種間混淆、これを昨日モランさんは「メティサージュ・キュルチュレル（métissage culturel）」という言葉でおっしゃいましたが、これが市場原理による文化の画一化に対抗するもう一つのグローバル化、すなわちクレオール化の流れを作っているのではないか。

前置きが長くなりましたが、最後に一つだけ付け加えれば、クレオールの語源は、ラテン語の「クレアーレ」で、この動詞は造る、育てるという意味です。クレオールはクリエーション、創造と同じ語源なのですね。この点を指摘して、マリーズ・コンデさんにカリブ海作家たちの文学創造について語ってもらうことにします。

〈基調講演〉

予告された死の記録

カリブ海文学とグローバル化

マリーズ・コンデ

私は原稿を提出しておりまして、「予告された死の記録」――これはガルシア・マルケスの小説の題名のカニバル化（後述）なのですが――「予告された死の記録――カリブ海文学とグローバル化」というタイトルでお話しいたします。

カリブ海はどこにある？

どうして今日カリブ海文学についてお話しするのか。それには二つ重要な理由があります。一つはカリブ海地域がグローバル化という現象を非常に昔から経験しているということです。もし世界地図にグローバル化が始まった地域があるとすれば、それはカリブ海でして、一六一〇年にスペイン国王がカリブ海域に進出していた会社と奴隷の輸入について「アシエント」と呼ばれる請負契約を結びました。この時から、カリブ海域は世界経済の中に組み込まれました。アフリカからカリブ海に連れてこられた人々は独自の文化とアイデンティティを育むことになったわけで、この地域はグローバル化というものを非常に遠い昔から経験していたことになるのです。しかしながら、現在はそのグローバル化の運動が最終段階に、一つの頂点に達しております。現在、私たちの祖先が経験した現象がさらに激化し、先鋭化して、解決不能の段階にきていると言わねばなりません。

私が今日カリブ海文学についてお話しするもう一つの理由は、歴史的に非常に緊密な関係がグアドループやマルチニックとフランスの間に存在しており、十七世紀前半に植民地化されたこれらの島は、第二次大戦後「海外県」としてフランスに組み込まれました。その結果、現在、私たちの島は、距離は離れていますがヨーロッパの中に組み込まれており、私たちはなんとヨーロッパ人でもあって、カリブ海文学はある意味でヨーロッパ文学の一部であると考えられるに到っています。したがって、今日私がこの席でカリブ海文学の位置についてお話しする理由もなくはないと考えられるわけです。

まず、皆さんにマルチニックの詩人の言葉を一つご紹介したいと思います。

> カリブ海はどこにある？　その場所はいかなるものか？

私はこの一句がとても好きです。現在、私たちが抱えている問題を非常によく表現しているからです。カリブ海はどこにある？――これは、フランスの海外県でありながら、はたして私たちは独自の文化を、アイデンティティを持っているのか、という問いかけ。あるいは、カリブ海を地図の上で示すことはできるが、実は私たちの想像力の中にしかないのではないか、という問いかけです。

手始めに、最近テレビでたてつづけに見た強烈な映像についてお話ししたいと思います。いずれも昨年十一月のことで、一つはＣＮＮの報道番組で、ハイチの住民が故郷の島の貧困と絶望から逃れようともがく様子が映されていました。ちっぽけな小船に乗り込んで漕ぎついた先がマイアミ海岸の近く。人々が海中に飛び込み、押しあいへしあいしながら岸に泳ぎ着こうとしています。陸の上ではハイチ出身の移民の群集が警官の制止を無視してデモをしていました。自分達を国外退去処分にせずキューバ難民と同じ法的地位を与えよという要求でした。マイアミにはキューバ難民がたくさんいますが、ハイチ人はアメリカに二百万人

マリーズ・コンデ
(Maryse Condé)

作家、前コロンビア大学フランス語学科教授。カリブ海のグアドループ島（フランス海外県）に生まれる。1975年パリ第Ⅲ大学で博士号取得（比較文学）。以後、アフリカでの教員生活を経て米国の大学で仏文学・カリブ海文学を講じるかたわら、クレオール風土を反映する文学作品を発表。1986年『私はティチューバ――セイラムの黒人魔女』で1987年フランス女性文学大賞、『生命の樹』で1988年仏学士院文学賞を受賞。その他学術論文、評論など著書多数。

近く住んでいるのです。

もう一つ私がテレビで見た映像、これはフランス2というチャンネルをニューヨークで見たのですが、グアドループで展開されるゼネストの状況でした。ヨーロッパへの統合に反対する運動です。ストライキが行なわれ、これに対抗してアンティル製油会社のトラックが、武装警官の護衛のもとにガソリンスタンドの補給に回っていました。さらに、島を覆う暴力的な雰囲気と全般的な治安の悪化を理由に、ホテルチェーンのアコールと石油会社のテキサコがこのフランス海外県からの撤退を発表しました。

テレビ画面を通して私が眼にしたものは、二十一世紀が始まったばかりのカリブ海の二つの島の民衆が取った行動です。ハイチ人たちには、生き延びるための選択肢が他にありません。アンクル・サム（アメリカ）の領土に押しかけ、夢中でグローバル化の扉を叩き、グローバル化の懐に飛び込むしかないのです。他方、グアドループの民衆にとっては、同じ経済のグローバル化を、怒りに駆られて拒否することが生き残りの唯一の道であり、死に物狂いでグローバル化の流れに逆らおうとしています。

私の心を強くとらえた映像でしたが、なぜハイチのことをお話しするかといいますと、ボートでマイアミに漕ぎ着いたハイチ人たちの姿は、カリブ海諸島の民衆が置かれている状況を典型的に示すメタファーと考えることができるからです。このメタファーは「南」の国々の民衆全体の運命を表わすものと考えることもできます。ハイチはもう何年も前から政治・経済・社会の機能不全のため、南の国々の中でも極端に状況が悪化して貧血状態に陥っており、社会の優秀な層は国を出て行ってしまっています。そこで、いろいろな国にハイチ出身者の共同体が形成されているわけですが、いまやそういう悲惨な状況ばかりではなく、ダイナミックな創造的動きも生まれている。と申しますのは、移民たちやその子弟の第二世代が文学を生産しはじめ、時には、逆説的にも、素晴らしい文学を創り出しているからです。したがって、グローバル化には文化的な生産物を創り出すポジティブな側面もあることになります。

私のような文学にかかわっている人間にとっては、このようなカリブ海出身者の文学作品が従来の文学とどのように違っているかということに非常に興味があります。カリブ海の新しい文学はきわめて複雑な現実を映しているが、植民地時代に形成された伝統的二項対立を色あせたものにし、無効にしているのではないか。たとえば、内なる国と外なる国、宗主国と植民地の島、フランス語とクレオール語、野蛮人と文明人、とくにプロスペローとカリバンの対立――いずれもシェイクスピアの戯曲『テンペスト』の人物ですが、英語圏であれ仏語圏であれ、アンティル諸島の人間は文化的に文学的にこのカリバンの末裔なのです――こうした二項対立が従来われわれの思考を決定する枠組みをなしていました。それがいま崩れてきているのです。

「内なる国」の崩壊

いま「内なる国」と申しましたが、国という概念について、カリブ海には「内なる国」と「外なる国」を天国と地獄のように対立させる神話がありました。「内なる国」というのは、自分が生まれた国に住み、クリスマスには伝統的なシャンテ・ノエルを歌い、生活に密着したクレオールの言葉で話し、そこには人間的な親密さ、コミュニケーションの暖かさがあります。それに対して、「外なる国」というのは「白人の国」とも呼ばれますが、危険な暴力に満ちた国、冷淡でよそよそしい国、うっかり行ってはならない国です。この「内なる国」と「外なる国」の対立は、これまで詩人や作家が抱いてきたヴィジョンです。唯一の例外はエメ・セゼールで、「外なる国」フランスに留学した彼は長詩『帰郷ノート』に、次のような詩句を書いています。

暁の果てに、ひ弱な入江に芽生える、腹をすかしたアンティル諸島、疱瘡であばただらけのアンティル、アルコールで破壊され、この湾の泥の中に座礁し、この不吉に座礁した街の埃の中に座礁したアンティル諸島。

このように、なつかしさとは無縁の否定的なイメージを、セゼールは故郷の島について持っていました。

それに対し、一般的な「内なる国」のイメージは、「風に恋する島、そこでは大気に砂糖とバニラの香りが漂う」とか、白人ですがグアドループ生まれの詩人サンジョンペルスがうたった、

島は、広大な水のクレーターの中で、まどろんでいる。暖かい海流と油の乗った魚の白子に洗われ、豪華な花瓶の群れ集う中で。

といったエデン的詩句に代表されます。むしろ、こちらの方が一般的な神話的アンティルのイメージだったのです。ところが、現在気がつくのは、こうした伝統的な「内なる国」と「外なる国」の対立が消えつつあるということです。外の国は、かつてはカリブ海出身の人間が出かけていってはならないところであったにもかかわらず、いまや仕事を求めて多くの人が外なる国に移民として流れ出ています。それに対し、内なる国には極端な貧困化の現象が見られます。サトウキビの工場は閉鎖され、バナナやパイナップルの生産はほとんど現金をもたらさず、グアドループのような島では失業率が三五％にも昇っています。グアドループはフランスの海外県ですが、本国の失業率は一一％なのに、グアドループは三五％で、暴力の現象や麻薬の浸透が見られます。私は先週グアドループを発ってきましたが、島では暴力に対するキャンペーンがおこなわれていました。フランスのサ

ルコジ内相がいろいろな治安対策をとっても、暴力的状況が解消されるわけではありません。失業、飢え、未来の無さの根本的な原因が解消しない限り、解決しないと思います。いずれにしても内なる国というのは非常に住みにくくなっている。

いまやこの「内なる国」を「支配された国」と呼ぶ者もいます。シャモワゾーが一九九七年に書いたエッセーのタイトルです。あるいはハイチ出身のダニー・ラフェリエールの小説『帽子のない国』では、「死」が帽子をかぶらずにやって来る国と表現しています。「内なる国」はいまや全く絶望的な状況に追い込まれているのです。『帽子のない国』の一節を引用します。

靴磨きがゆっくり頭を振りながら言う。

「お客さん、この国は変わってしまった。通りですれ違う人はみんながみんな人間というわけじゃないんだ……」

「どうしてそんなことを言うんだね。それで君はどうなんだ？」

「私かね？……わたしゃ、もうだいぶ前から死んでるのさ……お客さんにこの国の秘密を教えてあげよう。通りを歩いたり話をしてる人が大勢いるだろう。いいかい、彼らのほとんどはもう大分前に死んじまったのに、自分でそれを知らないでいるのさ。この国は世界最大の墓地になってしまったのさ。」

アンティル諸島は次々に墓場と化しつつあるのです。生活できないので、みんな移民として出て行ってしまう。私自身ニューヨークに来ていますし、グリッサンもそうです。音楽家や画家や作家は国をあとにして外に出てしまっている。したがって、「内なる国」「外なる国」という対立はもはや消滅してしまったと言わねばなりません。

ナショナリティの消滅

もう一つ大きな変化はナショナリティ概念の変化です。エメ・セゼールは『帰郷ノート』で「僕は各国政府が想定するいかなる国籍も持たない」と書いています。しかし、セゼールがこう書いたとき、彼は十八世紀の哲学者たちの弟子でした。啓蒙の哲学者にとって、「文明」とは、原始的な、文字も過去も持たない「未開」から離脱し、進歩をとげた地域でした。未開と文明の二つの国籍があると考えられていたのです。ところが今日、「国籍」という語がもつ意味は異なります。近代では、ナショナリティは具体的で法律的な概念に、所属が義務づけられる国籍概念になったのです。

ちょうど一〇年前、私どものあいだではよく知られたハイチ人作家アンソニー・フェルプスがある会議で、自分は「アフリカン-アメリカン」とか「ニグロ-アメリカン」とかいう接頭辞つきの作家ではない、と宣言して話題になりました。現在では接頭辞の代わりにハイフンで結ばれるようになり、多くのハイフンつきの国籍が登場しました。最近私はブルックリン・カレッジで「ハイフンド・ライター」の会議に招待されましたが、私は「アメリカン-グアドルペアン」か、それとも「グアドルペアン」か「フランコ-ニューヨーカー」なのか、適当なレッテルがないので、参加しませんでした。しばらく前まではハイフン付きがはやりましたが、いまやハイフンさえ消えてしまっているのです。

二年前、コロンビア大学でカナダ人作家のフォーラムが開かれたとき、ハイチ出身のダニー・ラフェリエールも招待者の一人として自作の一節を朗読しました。トリニダード出身でケベックに住んでいるネイル・ビソンダース（V・S・ナイポールの甥）は、ある文学賞受賞のためグアドループに招かれたとき、自分はもうトリニダードと共有しているものは何もない、自分はカナダ人作家だと宣

言していま す。ということは、カリブ海の人間にとってもはや国籍というものは全く内面的な主観的なものでしかありえないということです。どこかの国に旅行したりする時は、法律的な意味でパスポートに書いてある国籍の権利義務に従うのが好都合なわけですが、内面においては、自分が主体的に選んだ国籍を自分のものと考えればいいのです。これは植民地主義を経て、グローバル化が生んだ一つの帰結ということができます。旅券は国籍を保証してくれますが、これは表面的で瑣末な現象に過ぎない。本当の意味の国籍やアイデンティティは、全く個人的で主観的なものでしかありえない。それに対して他人は誰もとやかく言うことはできないのです。

クレオール語で書くべきか?

もう一つ、最近非常に混乱をきわめている問題に言語があります。「植民者の言語フランス語」対「母語のクレオール語」という図式は、何世代にもわたって私たちの思考の下敷きになってきました。グアドループやマルチニックや、ハイチの住人にとって、思考の枠組みになってきたのです。そういうことが表立って言われない場合でも、フランス語を創作言語として使う作家はフランス文化に「同化」してしまった裏切り者であり、クレオール語で書く作家だけが本物だ、そういう気持ちが残っています。したがって、フランス語で書くことは母語であるクレオール語を捨て去ることであると考えられているのです。『クレオール性礼賛』という雄弁なマニフェスト文書で、マルチニックの作家たちは次のように宣言します。

　フランス語の習得のために良かれと思って、母親が子供の喉元でクレオール語を抑圧してしまうのは、その都度、子供の想像力の芽を摘み取り、子供の創造力を収容所送りにするようなものだ。

ラファエル・コンフィアンら、クレオール語の復権にかける作家にとっては、フランス語で書くことは西洋的価値への屈服であり、クレオール語で書くことだけが真正の作家活動であるというのです。すなわち、ウェーバーという言語学者の「特定の言語には特定の世界観がともなう」という言語観に基づいて、こうしたクレオール語重視の主張が出てきているのですが、いまやジュリア・クリステヴァやミハイル・バフチンの研究によって、言語は雑種的でハイブリッドな産物であり、どのような話者の使用にも耐えられる、したがって、言語はそれを使う個人にしか属さないということがわかっています。私はフランス語で書いていますが、それは偶然に過ぎず、私が使うフランス語はフランス本土の言葉とは無関係であって、私にしか属さない。このように、フランス語とクレオール語の対立はきわめて微妙で曖昧なものになっているわけです。

しかし、エドウィジ・ダンティカ、あるいはミリアム・チャンシーといったハイチ出身の作家は、この状況にさらに攪乱要素を持ち込んでいます。彼らは移民二世として子供時代からアメリカで暮らし、英語を文学実践の言語に選んでいます。ハイチで生まれたけれども、幼年期からアメリカに移って、すべての作品を英語で書いている、そういう作家が出てきているのです。このような文学創造をどう捉えればいいのでしょうか。それはハイチ文学ではないと考えるべきでしょうか。ハイチ文学は歴史的にフランス語かクレオール語で書かれてきたのだから、英語で書かれたものはハイチ文学ではないと考えるべきでしょうか。

しかし「歴史的」という表現自体、問題があります。かえって、植民者たちによる征服を正当化する危険性があります。したがって、新しい作家たちにとって、言語の選択は主体的な選択でしかない。作家がある言語を創作の言語として選んだとき、誰もそれを非難することはできません。

このような変化は文学だけに見られる現象のように感じられるかもしれませんが、歌手や音楽グループももはや純粋なクレオール語で歌っているわけではないのです。たとえば、アメリカに住んでいる歌手や楽団には、フランス語とクレオール語、さらにアメリカ英語との「中間言語」を創り出している例もあります。ハイチ出身の人気グループ、カリミというオーケストラが演奏している歌を引用してみましょう。

Dis-moi quelle langue tu parles〔仏語〕
（君が何語を話すのかを教えてくれ）
Quand tu fais l'amour〔仏語〕
（誰かと愛し合うとき）
Di ki lang ou palé lè wap fê lanmou〔クレオール語〕
（誰かと愛し合うとき）
I want to sex you up〔英語〕
（君を燃えさせたいんだ）

ここでは、三つの言語が混然と交ざり合って新しい言語が創り出されています。それはその創作者にしか依存しない言語です。理解すべき重要なことは、何世代ものカリブ海の作家たちは異常な罠に捕らわれてきたということです。エメ・セゼールはフランス語で書きましたが、それを非難する作家たちが次々に登場しました。なぜかというと、セゼールは植民者の言語に抗議も抵抗もしなかった、支配者の言語フランス語で書いたとして新しい世代は批判するのです。ハイチ出身の若い作家たちの活躍は、こうした議論が無効になったことを示しています。

真正さの呪縛

最後になりますが、「真正さ（authenticité）」という概念も消滅しつつあります。『メリディアンズ』という雑誌に、エドウィジ・ダンティカのインタビューが載っていて、そこで彼女は、「私は移民の子です。つまり、私がいま住んでいる国においても、私が生まれた国においても、最も真正さに欠ける存在です」と言っています。大げさな表現は一つも使っていませんが、これは実に驚くべき発言です。というのも、カリブ海文学全体が「真正さ」の概念をその拠り所にしてきたからです。民族と一体化した詩人や作家は、民族の守り神なのです。セゼールのように自分の民族と人種的にも精神的にも完全に一体化していることが、セゼールの使命に正当性を与えていました。失われた純粋さを取り戻すという使命です。詩人にとって重要なのは、「同化」を目指す志向性に対し、失われた黒人の真正さを取り戻すことなのです。

私自身は真正さという概念に反対してきました。あるテキストが真正なものかどうか、まっとうなものであるかどうかは、マルチニックやグアドループでは、民族のアイデンティティを表現するかどうかで測られます。そのためには、クレオール語で書いたものでなければならないという意見がありました。しかし、いろいろな流派の変遷を経て、作家はいま全く自由な立場に置かれているのではないかと私は思います。住みたいところに住み、好きな言語を選び、自分にあったモデルに同一化する自由を獲得したのです。それを嘆かわしいと思う人もいるでしょうが、カリブ海の文学はいまやある意味で究極の状態に達した、私たちは本当に書きたいと思うことを書ける状態にいると考えることができます。作家は、民族の守り神というかつて占めていた高みから転落し、より謙虚になっている、自分以外を表現し代表する力があるとはもう思っていないのです。そうした足かせがなくなったいま、カリブ海文学は現代の最も洞察力に優れた批評家の願いに応えることができるのではないでしょうか。モーリス・ブランショは『来るべき書物』(筑摩書房、改訳新版、一九八九年)の中でこう言っています。

文学の本質は、あらゆる本質主義的決定論を回避し、文学を固定化しあるいは実現しさえするあらゆる主張から逃れるところにある。文学はすでにそこにあるというようなものではない。文学は常に再発見し、再創造すべきものである。

私はこの講演のタイトルに「予告された死」というタイトルをつけましたが、「死」という言葉の代わりに「誕生」という言葉を入れ替えたほうがいいのではないかと思っています。

問題提起

司会　ありがとうございました。コンデさんは、数年前に同じテーマを「グローバル化とディアスポラ」という題で講演されています（三浦編訳『越境するクレオール』岩波書店、二〇〇一年所収）。そこではグローバル化とクレオール化を二重の運動として捉えながら、グローバル化をBrave New World（素晴らしい新世界）として受け止める、そういうカリビアン・ディアスポラの力強い希望の表明があったと思います。しかし、彼女はニューヨークに住んでいますから、今日のお話は九・一一後を反映してか、もう少し陰影に富んだディスクールになっていたという気がします。

実は、今日はマリーズ・コンデさんの誕生日です。それで、故郷のそれこそ「内なる国」で、家族で誕生日を祝うのが普通でしょうが、東京で誕生日を迎えてもいいかということでお誘いしたところ、喜んでおいでいただいたので感謝しております（拍手）。

単一民族幻想

司会　若い方々に申し上げたいのですが、今日はかって「紀元節」と呼ばれた建国記念日です。日本の建国記念日に生まれたのはコンデさんの責任ではありませんが、私としてはこの二月十一日にちょっと別の意味を与えたかった。なぜかというと、ルーツから切断されたクレオールの民に「創世記」はありません。起源神話ほどクレオールの思考から遠いものはないのです。マリーズも共鳴するマルチニックの作家にエドアール・グリッサンという人がいて、昨日の話題で言うと、筑紫哲也さんが「文明の衝突」というのは、ユダヤ教、キリスト教、イスラム教と全部地中海沿岸に生まれた一神教世界、一神教同士の対立ではないかという視点を出しました（一二〇―一二二頁参照）。グリッサンは、旧世界の一神教的伝統から生まれた思考、これを「単一ルーツ型アイデンティティ（single root identity）」と呼び、これは征服と排除の原理だと言っています。

グリッサンの思想をひと言で要約すれば、「多様性の詩学（poetics of diversity）」ということになります。アイデンティティ論としては、single identity ではなくて、リゾーム型の multiple identity すなわち複合的アイデンティティということを提起しています。つまり、単一の起源、単一のルーツから切断され、他者との関係性の中で形成されたクレオールの複合的な文化、これはカリブ海世界に典型的なわけですが、しかし、いまグローバル化が進む世界を理解するうえでヒントになるのではないか、クレオール化はカリブ海だけの現象ではないのではないか、というのが私からの問題提起です。クレオールは、万世一系の天皇家の系譜とか単一民族国家という考え方と最も遠い対蹠点にある思考です。したがって、このクレオール概念を発見原理的に応用しながら、日本や東アジアの問題を考えてみたいと思いました。

そんなこともあって、イ・ヨンスクさんをお招きしました。ご紹介するまでもありませんが、イ・ヨンスクさんは韓国出身の言語学者です。しかし、彼女はいわゆる在日二世ではなく、大学生として東京にやってきて、そのまま研究を続けて大学の先生になった研究者です。日本語を使いこなし、日本人の及ばない鋭い視点から日本語の国語ナショナリズムの成立を分析した『国語という思想』（岩波書店、一九九六年）で知られています。小説家ではないのですが、日本語による表現者と言っていいと思います。今回はカナダのバンクーバーで在外研究中のところをわざわざおいでいただきました。では、よろしくお願いいたします。

クレオール語における「再構造化」と「再主体化」

社会言語学者　イ・ヨンスク

ここ数年、日本では「純粋な社会」という考え方に対するアンチテーゼとして「クレオール」あるいは「越境」といった言葉が一種の流行語になった感があり、多くの人がこの問題について発言しています。複数の雑誌がこのテーマで特集を組んでいますし、私自身も寄稿したことがございます。私の発表では、日本の中でこの「クレオール化」や「越境」はどういう意味を持っているのかということを、おもに言語学の立場から考えたいと思います。

日本の雑種文化はクレオールか？

日本文化が「雑種文化」であるということは一般によく言われていることですが、最近とくに強調されているように思います。しかしながら、こうした雑種文化論はいまに始まったことではなく、すでに戦前、同じ表現ではありませんが、そのような趣旨のことが言われていたということは、私たちの記憶にとどめておきたいと思います。たしかに、歴史的に見ても日本は外国からさまざまな文化の要素を取り入れてきました。明治以来の西洋文化、古くは中国、朝鮮から儒教、仏教、漢字といった文化を取り入れてきたことは事実です。その意味で、日本文化が本来「雑種文化」であるということは間違いではないようにみえます。そして、よく言われることですが、いわゆる雑種文化論のポイントは、雑種文化には雑種文化なりのダイナミズムがあって、決して「純粋な」文化より劣るものではないという点にあるのです。たしかに、この点で「雑種文化論」というのは、日本の文化や社会の「単一性」や「純粋性」を強調するような立場に対する批判となり得るでしょう。

では、日本文化の「雑種性」とは具体的にどういうものなのでしょうか。日本はさまざまな文化的要素を取り入れつつ、それを自分なりに加工して、絶えず「日本化」してきました。このように外来文化を自分なりに加工して取り入れる過程に日本文化の独自性を見ている人も多いと思います。しかし、よく考えてみると、この加工のプロセスは、異質なものから自分の中に同化できるものだけを取り入れているだけであって、本来異質なものが持っていた異質性というのは、雑種文化の中に組み込まれた途端に消えてしまうのではないか。こういう問題意識を私は常に持っていました。

この問題についてはいろいろな人が論じていますし、この考察から高度な文化理論を引き出すこともできるでしょう。しかし、私はここで非常に日常的なことがらを取り上げたいと思います。それは言語の問題です。日本語で外来の要素を取り入れる際に問題になるのは、外来語の多さです。とりわけ最近はいわゆるカタカナ語が非常に増えてきています。昔はおもに高度な学問用語でしたが、最近はコンピュータ用語に代表されるようなカタカナ語が私たちの身の周りを覆い尽くすほどたくさん出てきています。あまりにカタカナ語が多いということで、新聞などの投稿で「日本語の乱れではないか」と憤慨する方もいますが、日本語が乱れるというような心配はいらないと思います。なぜならば、いくらカタカナ語が増えたとしても、決して日本語が「混淆化」しているわけではありませんから。少なくとも、クレオール語におけるような「混淆化」とは全く違うということをここで確認しておきたいと思います。外来語が多い文章でも、文の構造自体は本来の日本語のままです。ほとんどの外来語は名詞で、「する」をつけて動詞になったり、「だ」や「な」をつけて形容動詞になったりするという次元にとどまります。つまり、外来語というのは――若干難しい話になるかもしれませんが――音声構造の面においても、文法構造の面においても、日本語の構造に完全に適応できるようなものに作り変えられてしまうわけです。

たしかに、外来語が多い文章は気取っているような感じがしたり、もどかしい感じがしたりして読みにくいことは事実です。しかしながら、それは日本語の「混淆性」とは全く別のものです。もし「混淆」という概念を日本語における外来語のようなものと考えるならば、それはすでに「混淆」ではないと申し上げたい。少なくとも、クレオール語の姿が指し示すような「混淆」ではありません。ここで私が言語の話を出すのは、「雑種文化」をすぐさま「文化のクレオール化」とみなすことにかなり疑問を持っているからです。それから日本文化が「クレオール化」したと言えば、先ほども申し上げたように、日本の「純粋性」あるいは「単一性」ということへのアンチテーゼとしては有効かもしれませんが、充分な反省や考察なしに「クレオール化」と言ってしまうと、言っている人の意図とは違って、日本の「単一性」「純粋性」とコインの裏表のような形で「単一性」や「純粋性」の立場を支える役割をする

イ・ヨンスク（Lee Yeounsuk）
一橋大学大学院言語社会研究科教授。韓国・順天市生まれ。延世大学校文科大学卒業。一橋大学大学院社会学研究科博士課程修了。社会学博士。専攻は社会言語学。大東文化大学国際学部助教授などを経て現職。近代日本における「国語」を巡る政治的・思想的軌跡を描出した『「国語」という思想』で1997 年サントリー学芸賞受賞。その他『体験としての異文化』（共著）など著書・論文多数。

場合もあるのです。

日本文化は「クレオール」とは違うということを何度も言いましたが、それではクレオール語が示す「混淆性」とはどういうものなのか。この点について若干説明したいと思います。マリーズ・コンデさんがいらっしゃいますので、私が説明するまでもないとは思いますが、言語学の方から少しお話ししたいと思います。

クレオール語創造の力学

クレオール語という言葉があるという認識をはじめて明確にしたのは——これはかなり新しいことなのですが——言語学の研究者たちでした。やや教科書的な説明をしますと、私たちが異なる言葉を話す人々に出会うと、コミュニケーションに困ってしまいます。そこで、私たちは知恵を出して、最初は身振り手振りでコミュニケーションをはかろうとしますが、こうした接触が日常的なものになると身振り手振りでは済まなくなり、複数の言語の要素を取り入れた間に合わせの混淆語ができ上がります。これを言語学では「ピジン語」と呼び、「ピジン語」が生まれるときのプロセスを「ピジン化」と呼びます。その場合、それぞれ自分の言語を既に持っている人たちの、ある特定の場面におけるコミュニケーションなので、その要求に合わせた、非常に切り詰められた言語の形式が生まれるわけです。こうして「ピジン語」では、余分な文法や形式は単純化されます。たとえば、私たちが英語の試験でよく間違える人称変化や動詞の時制などはかなり単純化されていきます。

「ピジン語」というのは異なる言語を母語とする話し手同士の「橋渡し」の役割を担い、限られた条件のもとでの補助言語にとどまるわけです。そして、このような間に合わせのことばであった「ピジン語」を母語とする者が現れたときに、「ピジン語」は「クレオール語」に変貌していく、飛躍していくということです。

ピジンは間に合わせの補助言語で、母語にはならない。クレオールは母語である。「ピジン語」と「クレオール語」が話し手の母語であるかないかによって区別されるということは、クレオールを理解するうえで決定的な意味をもちます。母語となるということは補助言語、出来合いのことばを身に付けることではなく、新しい言語を生み出すダイナミックな過程ですから、母語であるかどうかというのは非常に重要なのです。母語となることによって、クレオール語はことばとして全く新しい段階に入ります。生活のあらゆる面でのコミュニケーションがクレオール語で可能となります。クレオール語研究者のショダンソンのことばを借りれば、クレオール語はもとになった言語を「再構造化」するのです（R・ショダンソン『クレオール語』、糟谷啓介・田中克彦訳、白水社、文庫クセジュ、二〇〇〇年）。これが言語学で「クレオール化」と呼ばれるプロセスですが、「クレオール化」というのは、言語形式のあり方からすると、言語の混淆化や雑種化を意味しますが、むしろ言語の「再構造化」がおこなわれる過程であると言えると思います。

ここで、こうした言語の「再構造化」というプロセスは一体どのような状況で生まれてきたのかということを考える必要があると思います。クレオール語の多くが植民地の奴隷制という非常に不遇な状況から生まれてきたことを見逃してはなりません。人間性が完全に否定された奴隷たちは、何も見えない暗闇から手さぐりで「クレオール」という新たな言語を創り出してきたのです。これはまさに言語の驚くべき生成の神秘です。

先ほど申し上げましたように、「クレオール化」というのは言語の「再構造化」ということですが、これを話し手のレベルに移して考えてみると、「クレオール化」というのは人間の「再主体化」を意味します。「クレオールを話す」ということは、できそこないの崩れた英語やフランス語をびくびくしながら話すのではなくて、自分にとって取り替えのきかない母語、何語にも還元できない、れっきとした一人前の言語を話す主体としての意識を持つということを意味します。その意味でクレオール化というのは、従属を拒否する主体の宣言ではないでしょうか。

クレオール語の本質は、繰り返しになりますが、あくまで「再構造化」と「再主体化」にあると思います。クレオール語が「再構造化」と「再主体化」の過程を通じてはじめて生み出されることを見逃してしまうと、クレオール語の本質を捉えることは難しくなるでしょう。クレオール語研究者のロレト・トッドは、クレオールが「永続的な形として育っていく理由」は、「単に複数の言語が接触して互いに影響し合った結果によるのではない。むしろ、そこに新しい言語の誕生があって、それは発展し広がる可能性を持つからである」と述べています（L・トッド『ピジン・クレオール入門』、田中幸子訳、大修館書店、一九八六年）。

「再主体化」、「再構造化」ということを私は何回も強調しましたが、重要なことは何かというと、この「再主体化」というのはもとにあった主体の復元ではないということです。コンデさんもおっしゃったように、起源に対する回帰を拒否することなのです。ところで、このような「再主体化」や「再構造化」が日本の雑種文化について語られる場合、伝統を持ち出してきて「伝統の見直し」ということがよく言われます。しかし、それでは、日本の雑種文化あるいはグローバル化に対するアンチテーゼとして出した「伝統への回帰」がクレオール化とは鋭く対立するものになってしまいます。

私が申し上げたいのは、「再主体化」は伝統に戻ることではない、また、起源に戻ることでもない、ということです。また、文化の越境とも関係することですが、国家のお墨付きの所属を拒否するということでもあります。先ほどコンデさんの講演にもあったように、国籍やパスポートというのは人間が生きていくうえで便宜上は必要かもしれませんが、文化の面においてはその「ずれ」を常に考えていく必要があるでしょう。「越境」というのは戻ることではなくて、常に移動していくことだということを強調しておきたいと思います。この部分については説明が必要だと思いますが、また後ほどお話しすることにいたします。

司会　ありがとうございました。「日本はクレオールだ」と言うことは日本の現状肯定になってしまう、自分に都合のいいものだけ取り入れ、異質なものを同化してきた日本は、本来のクレオールとは違うのではないか、というお話でした。日本文化を雑種文化として説明する「雑種文化論」への批判です。イ・ヨンスクさんは名前をあげていませんが、これは昨日、基調講演をされた加藤周一さんが一九五五年に出したテーゼです。ですから、本当はここに加藤先生にいらしていただいて、イ・ヨンスクさんと討論していただくとかなりエキサイティングなことになると思うのですが……。イさんにはまた後ほどお話しいただくことにして、次のお二人をまとめて紹介します。

このシンポジウムは、昨年のサッカー・ワールドカップの直後に準備が始まったものですから、日韓の和解というテーマが一つありました。時代の変化に敏感な評論家の山崎正和さんが、ワールドカップで若い世代における「脱民族主義的な新しいコスモポリタニズム」が生まれたと称賛する時評を読売新聞に書いていましたが、果たしてそうだろうか。そういう問題意識もあって、イ・ヨンスクさんをお呼びしたのですが、ここにお集まりの三人は、実は僕の頭の中ではコリアン・コネクションなのです。

終戦の年に生まれた私ぐらいの世代まで、戦後一九六〇年代までは、日本では「脱亜入欧」という明治の以来の思考様式がかなり残っていました。要するに、西洋をモデルにして日本を近代化するということです。実は、これは明治時代の前半に、朝鮮半島のあまりの停滞に見切りをつけて、日本だけが「脱亜入欧」するのだという、福沢諭吉が唱えたスローガンです。そういう発想が私の世代までは残っていたのではないかと思います。私の場合、留学といえばヨーロッパというストレートな発想しか頭にありませんでした。ですから、フランスに行ってアジア人と呼ばれたときはショックでした。アジア人というくくり方をされるとは思っていなかったものですから。

四方田犬彦さんは私より一回り若く、留学先に韓国を選んだ、私から見れば全く新しい感覚の持ち主です。ご覧になった方もいらっしゃると思いますが、今年「大好きな韓国」という講座がＮＨＫ教育テレビで放映されていました。それだけではなく中上健次論があり、いわゆる「越境する世界文学」の読み手で、しかもアジア映画から日本のマンガ文化まで、大変守備範囲の広い方です。

もうお一方の平田オリザさんは昨日の午後に続いての登場ですが、彼もやはり韓国留学組です。平田さんは四方田さんよりさらに若い世代で、劇作家・演出家として、日本の、西洋演劇の導入による「新劇」というジャンルに対する一種の異議申し立てと言いますか、新しい形で、現代口語による演劇を創っている方です。しかも韓国との付き合いも非常に深いので、近くて遠い隣国との交流についてお話しいただこうと思います。では、四方田さんからお願いいいたします。

言語のはざまの二人の映画作家

映画論／比較文化研究家　**四方田犬彦**

私の専門は、映画史を中心とした比較文化論となっていますが、映画に関係のあることは何でもやっています。今日はマリーズ・コンデさんのお話に非常に喚起され、自分のフィールドでは何が言えるだろうかということだけを簡単にお話しします。私は抽象的な議論が好きではないので、はじめに今日の結論を言います。それは、「沖縄は存在する」、それから「高嶺剛は存在する」ということで、これを結論として覚えていただければ結構です。後は結論までのプログレスに過ぎません。

パゾリーニとフリウリ語

一九八〇年代に入ってから、これまでマイナーな言語としてスクリーンから排除されてきた言語を用いてフィルムを製作することが全世界的におこなわれるようになりました。メキシコではすべてアズテカ語でスペイン侵略を語るフィルムが登場しましたし、台湾では山岳少数民族の言語で、中国ではチベット語で、またウェールズ語やブルターニュ語での映画製作がなされるようになったわけです。もちろん、それは商業的な成功を収めたわけではないし、試みが継続していく保証はどこにもないのですが、世界映画史のなかでは注目すべき現象であると思います。それに対して、ハリウッド映画は旧態依然として、フィルムのなかに「原住民」が登場したとしても、彼らに英語を話させるか、あるいはブロークンな英語を話させるか、でなければ彼らが用いるローカルな言語に字幕を付けず、あたかも彼らが人間の言語を口にできないかのような演出を相変わらず続けています。

ここで、私が取り上げたい最初の芸術家は、ピエル・パオロ・パゾリーニです。パゾリーニはイタリアの映画監督として世界的に有名ですが、六〇年代からマイナーなローカル言語の使用という点で先駆的な存在でした。彼の本質は詩人です。彼はジャン・コクトーがそうであるように、芸術のジャンルのあらゆる領域を、ポエジーというもので描くという生涯を送りました。もっとも、コクトーがフランス語を信じて疑わなかったのとは対照的に、パゾリーニは常に言語の階層性あるいは階級性と周縁性の問題に捕らわれ、複数の言語の裂け目のなかで分裂した自己を演じなければなりませんでした。

パゾリーニはボローニャでイタリア語を母語として生まれていますが、母親は北部イタリアのカザルサ出

四方田犬彦（よもた・いぬひこ）

明治学院大学文学部芸術学科教授。1953 年生まれ。東京大学文学部宗教学科卒業。同大学人文系大学院比較文化学科博士課程修了。韓国・建国大学客員教授、コロンビア大学、ボローニャ大学客員研究員などを経て現職。おもに映画史・映画論を担当。映画の他、文学、漫画、都市論などの分野で幅広い研究と評論活動をおこなう。『映画史への招待』で 1997 年サントリー学芸賞受賞。その他『電影風雲』、『日本映画史 100 年』など著書多数。

身で、その母語はフリウリ語でした。フリウリ語は同じラテン語から派生したとはいえ、イタリア語の一方言と見なすにはあまりにも違っている言語です。ちなみに、ボローニャ出身でファシストであった父親は、フリウリ語をまったく解することができませんでした。パゾリーニ本人もまた、きわめて片言のフリウリ語しか口にすることができなかったようです。しかし、二十歳代の彼はあえて文学活動をフリウリ語で始めました。長らく貶められ、排除されてきたこの母親の母語を、パゾリーニはちょうど私が英語を勉強するような感じで、外国語として後天的に学び、それを用いて詩を書いたわけです。彼にとって、この行為はファシズムのイデオロギーに対する美学的な抵抗でした。ファシズムは常に一つのものに統合し、均一化して支配しようとします。イタリア語は美しい言語でなければならない、一つでなければならないというのがファシズムのメッセージです。パゾリーニがフリウリ語を使うことはファシズムに対する抵抗であると同時に、母親へのナルシシックな同一化の行為でもありました。彼は最初の詩集をフリウリ語で書き上げると、それを父親に捧げるという逆説的な行為に出ました。もっとも、そこで用いられているフリウリ語は、カザルサのフリウリ人が日常的に用いているネイティブなフリウリ語ではなく、の地方のフリウリ語や近隣のベネト方言の語彙を統合して、パゾリーニがきわめて人工的に創り上げた、地上には実在しないフリウリ語でした。彼の言葉を使うならば「ステファヌ・マラルメのフリウリ語」です。パゾリーニはこの詩的言語としての混成フリウリ語に、ある意味でバベルの塔の崩壊以前の、神話的に存在していたかもしれない普遍言語の影を見ていたのかもしれません。というのも、彼はウンガレッティがイタリア語で、マチャードがスペイン語で書いた詩を、わざわざこのフリウリ語に翻訳しているからです。また、彼はイタリア語を媒介して、日本語の詩のフリウリ語訳もおこないました。私はこの一〇年ほどの間、パゾリーニのイタリア語の詩を翻訳していますが、到底フリウリ語を勉強する時間はなく、この辺のことはまだよくわかっていません。

パゾリーニはローマに出て、イタリア語で書いた詩集『グラムシの遺骸』で脚光を浴び、映画界に入っていくわけですが、それは一九五〇年代のずっと後のことです。ここにはある意味での転向がありますが、その直前に彼は五百頁に及ぶ『イタリア民衆詩アンソロジー』を編纂し、イタリア国内の言語的多様性とポエジーとの関係について長い論文を寄せています。六〇年代に彼が監督した映画では、言語的な多様性は非常に大きな要素です。彼はマタイ福音書をその言葉通りに映画化しましたが、イエスの一二人の弟子たちにそれぞれ全く違う方言を語らせました。また、イタリアの国民文学である『デカメロン』の映画化に際しては、本来はフィレンツェの上流階級の若い男女の言葉で語られる物語の舞台をすべてナポリの下町に置き換え、ミハイル・バフチンの言う、「非公式的」な言葉、つまりナポリの汚い、野卑な、猥褻な言葉ですべて書き換えてしまいました。こうした言語的な撹拌行為がパゾリーニの映画の根底にあり、それは彼が二十歳の時点でフリウリ語で書いたことと決して無関係ではありません。

沖縄は存在する、高嶺剛は存在する

もう一人、複数の言語のはざまにあって困難な映画製作を続けている監督として、高嶺剛を取り上げてみたいと思います。高嶺は一九五一年沖縄に生まれています。沖縄のことをご存知ない方のために簡単に説明しますと、沖縄は日本と台湾の中間に位置する南の島々で、独自の文化と言語をもち、中世には独立した王国でした。その後、中国と日本の薩摩の双方に服属を強いられ、十九世紀後半には日本の領土として組み込まれてしまった、特殊な地域です。第二次世界大戦では民間人に大きな犠牲者を出し、戦後はアメリカの軍事基地として辛酸を舐めてきました。一九七一年に日本に「返還」された後は、もっとも貧しい県の一つとして現在に至っています。簡単に言うと、沖縄は「独立できなかった韓国」です。「返還」直前に独立運動が一時高まりをみせたのですが、ここまで日本経済のなかに組み込まれてしまった現在、独立はほとんど不可能です。沖縄人に対する差別は、在日韓国人や被差別部落民に対する差別と同様に、日本社会のなかにはっきりと存在しています。一方で、この島々は日本のポピュラー音楽と食文化に大きな影響を与え、観光をはじめとする文化産業はここに絶好の素材を見出だしています。また、沖縄は世界でいちばん平均寿命の高い地域（八十五歳から八十八歳）でもあります。

高嶺はアメリカ占領下の沖縄でも、本島からはるかに離れた石垣島に生まれ、六〇年代に京都の大学に「留学」して美術を学び、次第に映画の世界に入っていきます。当時はアメリカの大学に留学するほうがはるかに簡単であったと聞いています。彼は七〇年代からこれまでに七本のフィルムを撮っていますが、ここでは一九八五年に三五ミリで制作された『パラダイス・ヴュー』以降の三本についてのみ、簡単にお話ししたいと思います。というのも、これらの作品は日本映画史上はじめて沖縄語で撮られたものだからです。

『パラダイス・ヴュー』は、「祖国復帰」を遂げる直前の沖縄の小さな村が舞台です。ある青年が婚約者のいる娘を妊娠させたために、娘の母親から復讐で豚の血を輸血され、内臓を豚に喰われてしまいます。この青年は魂を喪失して沖縄の野山をさまよいますが、それはある意味で政治的主権を欠いてさまよう沖縄の隠喩でもあります。一方に、その娘の婚約者で、日本から来た若い民俗学者がいます。彼は村でとうに消滅した儀礼について深い知識はもっているものの、村人と意志の疎通を欠き挫折します。この映画ではもっぱら完璧な、正当的な沖縄語だけが語られ、日本人学者だけが日本語を使うという二項対立があります。

その四年後の一九八九年、高嶺は『ウンタマギルー』というフィルムを撮りました。沖縄の民間伝承の英雄でロビン・フッドにも似た義賊である運玉義留が、「返還」直前の沖縄で、独立運動のパルチザンに加わって武装闘争をしたり、沖縄人のために痛快な活躍を見せるという内容です。彼は自分のトリックスター的活躍を称える民衆芝居に自ら本物としてボランティア出演し、そして殺されてしまいます。彼も『パラダイス・ヴュー』の青年と同様、魂を喪失して沖縄をさまよい続けるわけです。しかし、ここまでの物語はすべてサトウキビ農場で過酷な労働を強いられている貧しい青年の見た夢で、実際には「運玉義留も誰もいませんでした」というのがこのフィルムのプロットです。この青年が目を覚ましたのは一九七一年で、その瞬間に沖縄の「祖国復帰」が宣言され、それまで完璧な沖縄語を語っていたすべての登場人物が、それを機会に完璧な日本語で話すようになります。

『ウンタマギルー』について、日本の、つまり内地の観客はただエキゾチックに面白がるばかりでしたが、沖縄では賛否両論が生じました。本来の民衆芝居の英雄である運玉義留の像から逸脱しているという批判もあれば、現実にはきわめて複雑である沖縄の言語状況を意図的に単純化し、歪曲して伝えているという批判もありました。つまり現実の沖縄で使用されているのは、若干の沖縄訛りこそあれ、日本語なのであって、映画のなかで語られているような純粋にして古典的な沖縄語ではないからです。少々脱線しますが、いまの日本で純粋に古典的な沖縄語を話すことができる人はきわめて数少ない。ただ、高嶺のために弁護するならば、彼は沖縄語と日本語の交代劇をリアリスティックな物語としてではなく、むしろ寓話劇として描いたのではないかと思います。

その後、一九九八年に高嶺が撮った『つるヘンリー』は、きわめて荒唐無稽なプロットをもった作品です。アメリカから来た高等弁務官と沖縄の民謡歌手の間に生まれた混血の青年が沖縄を離れ、ＵＣＬＡ（カリフォルニア大学ロサンゼルス校）で映画を学び、その間に自分の父親を探そうとします。しかし、彼はＣＩＡによって記憶を消され、なぜか全身が炎に包まれた存在となって沖縄に帰ってくる。そして自分の体から生じる火を売って生計を立てるようになります。たとえば、煙草を吸いたい人がいると火を貸してあげてお金をもらう、というように。

青年が母親と再会し、二人が燃えながら抱き合って海に消えるところで物語は終わりますが、それまでのすべてが民衆劇の舞台の出来事であったことがわかり、その裏方の人たちの物語がさらに延々と続きます。『つるヘンリー』では沖縄語と日本語という整然とした二項対立は消滅し、そこに台湾語（中国語ではない）と英語が加わり、非常に錯綜した言語世界が出現しています。つまり、沖縄語、日本語、沖縄的な日本語、台湾語、それから英語です。この多言語性は、主人公の青年がもはやいかなる国家にも言語にも帰属することを許されていないという状況に由来しています。この映画の中で青年は英語でこう話します。「私の出生は祝福されなかった。私は沖縄を軍事基地としているアメリカを信用しない。祖国といわれる日本も信用しない。私はアメリカ人ではない。日本人でもない。沖縄人でもないかもしれない」。

『パラダイス・ヴュー』から『つるヘンリー』まで、高嶺の言語に対する姿勢は大きく変わってきました。もはや喪失された美しき沖縄語へのノスタルジーやナルシシックな同一化は姿を消して、それに代わって、いかなる言語にも究極的な帰属と同一化を拒否するラディカルな姿勢が前面に出るようになりました。

パゾリーニはフリウリ語を人工的に再構成することで、マラルメ的なポエジーに、つまりバベルの塔以前の言語ユートピアを空想し、そして挫折した後、言語的多様性を出すことによって規範的なイタリア語を撹乱するという道を選んだわけです。高嶺剛は疎外されたローカル言語である沖縄語を寓意的構造のなかで純粋に用いることから出発して、現実に沖縄に横たわる言語的な多元性の提示へと向かおうとしています。原型的な単一の起源への回帰を放棄して、雑多で、とにかくそこに現存する、帰属性から最も遠い現実を肯定するということを考えています。たとえば、沖縄のコザで私の友達のロックンローラーが、アメリカ人の兵隊が集まるバーでビートルズの『ヘイ・ジュード』を歌うようなとき、面白いことが起こります。はじめは英語で歌っていますが、二番になるとサービスで日本語で歌ったり、三番目になると沖縄語で歌ったりする。そうなると、アメリカの兵隊も日本人の観光客も誰にもわからない。そういう時の沖縄語の歌詞はだいたいエロなものですから、沖縄人だけがげらげら笑っている。そういうことが沖縄の言語的な現実なのです。

パゾリーニと高嶺という映画作家は時代も場所も言語も全く異なっていますが、われわれが討議しようとしている言語のポリティクスの問題、コンデさんが提示されたような問題について、別々の方向から興味深い問題を示唆しているように、私には思えます。

司会 ヨーロッパと極東のふたりの映像作家における少数言語による創造の問題をお話しいただき、うまくテーマが繋がってきました。先ほど日本はクレオールではないというイ・ヨンスクさんの指摘がありましたが、沖縄の場合は植民地化された島であり、しかも戦後は米軍の支配もあって、文化的にも、言語的にもクレオール的状況があると言えるように思います。続いて平田さん、よろしくお願いいたします。

多言語主義演劇は可能か

劇作家 平田オリザ

うまく繋げられるかどうか……。私も表現に関わる人間ですので、自分の仕事を通じて、これまで話されたことと関連のある話をしたいと思っています。

『その河をこえて、五月』の経験

まず最初に、昨年ワールドカップの時期に日韓合同公演『その河をこえて、五月』という作品を作りましたが、その時の話をさせていただきたいと思います。この作品は二年以上にわたって準備をして、日韓の劇作家、演出家が完全にがっぷりと四つに組んで作りました。日本側は私が作・演出を兼ねて担当し、俳優も日本側から六人、韓国側から五人の俳優が参加した、演劇では大変珍しいケースです。最近、朝日舞台芸術賞のグランプリという大きな賞をいただいたので、ご存知の方もいらっしゃるかもしれません。

この作品の舞台はソウル市内を流れる漢江の河原で、韓国語を習いに来ている日本人たちが桜の花の下でお花見をしている。そこに、クラス担任の先生も家族を連れてお花見にやってきて、二つのグループが、言葉が通じたり通じなかったりしながら、少しずつコミュニケーションを深めていくという構成です。日本人グループは初級クラスという設定なので、まだ片言しか韓国語を話せない。韓国側の家族は日本語がまったくできませんが、そのお母さんは七十代で日本語が非常に上手い。生徒の一人、在日韓国人の恋人は日本のアニメが好きで、非常に新しい、現代風の日本語をよく知っている。作品では、日本人は日本語を、韓国人は韓国語を話しますが、そのにも拙い韓国語、片言の日本語、あるいは植民地時代に習った古風な日本語など、さまざまな言葉が飛び交うわけです。

作品はたいへん成功しました。けれども、この公演の本当の意味は、いま、四方田さんから沖縄語での映画が紹介されましたが、こうした多言語の作品が実験的なものとしてではなく、多くの観客に受け入れられるようなエンターテインメントとしても成立し――『ウンタマギルー』もそうでしょうが――ある程度マーケットに乗った形で紹介されるようになったことで、これは九〇年代から出てきた新しい流れとして認めてよいのではないかと思います。

俳優にとってもこの作業はたいへん大きな意味を持っていたと思っています。たとえば、日本人も韓国人も箸と茶碗で食事をしますが、韓国の方は茶碗を置いて食べる、日本人は茶碗を持って食べる、というようにルールが少しずつ違います。日本人の俳優にやらせると、そのルール自体はすぐに飲み込みますし、普通の人よりは身体把握ができていて問題なくできるのですが、台詞が入ってくると無意識のうちにだんだん茶碗を持ち上げてしまう。結局、台詞の方に意識がいっていると、普段の自分の身体性が強く出てしまい、これがなかなか難しい。しかし、そのときにはじめて私たちは自分がどのようにして茶碗と箸で飯を食っているのかを把握し、意識化することになるのです。

私たち日本人が茶碗と箸で飯を食っていることをはじめて認識したのは、おそらく明治時代に西洋人がナイフとフォークで食事をするのを見たときだったでしょう。しかし、それだけでは、少なくとも演劇においては、本当に行為を意識化することにはならない。

私たちが茶碗と箸で食べる、その事態を本当に把握するためには、共通の基盤に立ちながらそのルールが違っていたり、ずれがある、その「ずれ」を確認することによってはじめて私たちは事態を本当に認識する、身体の行為として認識することができるのです。

差異の認識と身体感覚

何かを意識化するということは、差異と同一性を同時に把握することです。差異だけを見ていたのではものごとの本質がわからないし、同一性だけを見ていたのでは何にもならないわけですから。両方を同時に把握しなくてはいけない。つまり、韓国人と日本人は同じように箸と茶碗で飯を食うけれどもこんなに違う、という認識が必要なのです。言語にも同じことが言えて、さまざまな言葉、単に韓国語と日本語、あるいは沖縄語と日本語というだけではなくて、それぞれの中にもさまざまな位相、さまざまなレベルの言葉が混在していくことが非常に重要で、それが私たちの言語の成り立ちをより明確にしてくれるのではないかと思うわけです。ここで大事なことは、「明確にする」ということは、一つにすることではなくて、言語が持っている混沌とした状態をそのまま記述していく、あるいは混沌とした状態のままで少しずつ明晰にしていくことです。芸術の仕事というのは基本的にはそういうことなのではないか。わかり易く一つにまとめるのではなくて、わかりにくいものをわかりにくいまま、しかし形として記述していくということだと思います。

平田オリザ（ひらた・おりざ）
プロフィールは 101 頁参照。

次に、僕自身が関わってきた中学校での演劇教育についてお話ししようと思います。今年度から学習指導要領が変わり、新しい教科書になったわけですが、新しい試みの一つとして、僕は、学校の授業の中で演劇ができるようにする、ワークショップの手法を取り入れた国語の教科書作りをしてきました。いまでもモデル授業として月に一回か二回全国のさまざまな中学校で授業をしています。

授業では、まず、私が書いた簡単なスキット、台本が中学生に渡されます。中学生が最初に教室でわいわい騒いでいる。そこに先生が転校生を連れてきて紹介をする。その後先生は用事で職員室に帰ってしまい、転校生と生徒だけの場面になる。まず、このスキットを班ごとに演じた後に、今度は子供たちが自分たちで考えて台本を作っていきます。たとえば、朝の教室でどんな話をするか、転校生にどんな質問をするか、先生がいなくなった後に生徒同士でどんな話をするか、などを考えていくわけです。普段の授業より面白く、子供たちにはたいへん好評です。しかし、現場の先生からは多少異論もありまして、いちばん面白かったのは、「これは授業ではないのではないか、教えるものが何もない」という意見でした。僕はずっと先生たちに「教えないで下さい」と言い続けてきました。なぜなら、この授業のねらいは、子どもたちが子ども同士で話しているときと、先生を前にしたとき、そして先生はいないけれども転校生という他者が残ったときで、それぞれ言葉のモードを使い分けて話をしている。しかもその使い分け方は子供によって全然違う。そういう無意識にいままで使い分けてきた言葉に少しだけ意識的になってもらうこと、それがねらいなのです。ですから、教師が「ほら、先生が入ってきたんだから、そんな言葉遣いじゃダメだよ」と言ってしまったら、もうこの授業の意味はなくなってしまいます。子供たちは何も気がつくことがなくなってしまうわけですから。

美しい日本語・正しい日本語はない

これは日本の国語の授業でたいへん画期的なことがおこなわれたと自負しています。イ・ヨンスクさんのご専門でもあるわけですが、日本の国語の授業というのは、「正しい日本語」、「美しい日本語」、強い軍隊を作るための日本語、あるいは強い経済戦士を育てるための日本語というのが大命題として最初からプログラムされていました。しかし、ここでは「美しい日本語」も「正しい日本語」も意味をなさない。子供たちに、いかに言葉を使っているかを意識してもらい、そこを出発点に言葉に対して関心をもってもらうということがこの授業の大きな目的なのです。ただ、先生というのは教えるのが仕事で、教えたがりますから非常に難しいのですが、少しずつそういう動きが始まっています。

たとえば授業の中で、朝、教室でどんな話をするかと子供たちに尋ねます。たいてい最初は優等生的な子が「宿題の話」、「運動会について」、「クラブ活動」などと模範的な回答をする。一つの答えを求めようとするわけです。しかし、ここで正しい答えはないのだ、普段何の話をしているかを言えばいいのだ、ということを繰り返し説明します。すると子供たちはおずおずと手を挙げ始めます。「自分は話さない」という子もいる。「ずっと突っ伏して寝ているから話さない」というのです。「ああ、そうか、話さない子もいていいね」と私は言います。「自分はいない」、「いつも遅刻ぎりぎりだから、何を話しているのかわからない」という子もいる。「じゃあ、それもいいね」。こうして劇を作っていくのです。そうすると、さまざまな意見が出た班の方が、優等生的な班よりも明らかに演劇的には面白くなりますね。宿題の話をしている人の隣りでずっと突っ伏している子どももいる、途中から遅れて入ってくる子もいる。この方が演劇的には必ず豊かになります。

喋らない子がいる、あるいは誰かがいないなどということは、いままでの日本の国語の授業からは一切排除されてきた部分だと思います。しかし、いなくてもいいのだ、喋らなくてもいいのだ、私たちは沈黙や不在といったネガティブなものも含めて言語として認識していかなくてはいけないのではないかと考えています。

重要なことは、単一な言語と思われている日本語も、実はさまざまなモードを持っているということです。日本語の場合は近代化の過程において、西洋のさまざまなもの、物質から観念的なものまで、すべてを急速に受け入れてきました。しかも、先ほどイ・ヨンスクさんが指摘されたように、同化できるものだけをうまく取り入れていったわけです。ここがのアジア、アフリカの国々と最も異なる点で、日本はほぼ唯一、植民地化されず、共産主義化もせずに西洋の事物を自分たちで選びつつ、押しつけられた部分と自分たちで選択する部分が混在しながら、私たちの身体や言語や精神を作ってきた。この点だけはやはり近代日本文化の特性と言っていいと思います。言語には、常に「押しつけられてくる」部分がありますが、しかしその押しつけを自分の身体と相談しながら、言語というものはできていくわけです。植民地支配や奴隷制によって押しつけられたのか、あるいは私たち日本人のようにある程度主体的に選択しながら――「富国強兵」や「戦後復興」などの外的な要因もあって、受け入れてきたものなのかの違いがあるにせよ――言語に「押しつけられた」部分があるということはまず認識しなくてはいけない。

昨日の「座談会」で、私たちは歌いたくない歌を歌ってきた、西洋の音楽を受け入れてきた、ということを言いましたが、同化できるものだけを受け入れてきた部分もあるのです。たとえば、日本の唱歌として残っているのは、アイルランド民謡やスコットランド民謡など、日本や韓国の音階に近いものがほとんどです。すなわち、私たちは自分の身体とうまく相談しながらやってきている部分もあるわけで、決してすべてを押しつけられたのではない。この認識は非常に重要だと思います。なぜなら、すべてを押しつけられたものだと考えてしまい、ある時、それに気がついて逆ギレして国家主義的なものに戻っていくというのが日本の思考のパターンですから。いわゆる転向というのはまさにそういうダイナミズムを持っている。しかし、そうではない。すべてのものを私たちは身体と相談しながら受け入れてきて、あまりに身体に合わないものはやはり拒絶するということです。

クレオールというのは、最初から押しつけられたものであるという感覚があり、ある種の淋しさなり孤独なりがそこにあって、その中で相談しながら「私たちはどの言葉をこれから選択していこうか」という意識的な部分があるわけですが、日本人の場合はその過程が不明瞭なために押しつけられたという感覚は普段持っていない。けれども、自分の身体に合わないものがありますから、ある時突如「これは全部押しつけられたものだ」という感覚にとらわれる。そして、「こんなものは全部自分のものではない」と拒絶して、国家主義的な、いわゆる「伝統」に回帰してしまう。ここがいちばん問題なのだと思います。意識化する、イ・ヨンスクさんが先ほどおっしゃったように「再主体化」する、その作業が最も必要なのが日本であり日本人であり日本語ではないかと思っています。そのような認識を欠くと、昨今の日本語ブームのように、捏造された「美しい日本語」や「正しい日本語」が華やかにもてはやされ、一方ではファッションのようにクレオールが語られてしまう。ですから、いわゆる真善美の価値観、「正しい日本語」、「美しい日本語」、「よい日本語」といった概念を一旦取り払って、私たちの日本語はどういうものなのか、日本人はどのように日本語を使ってコミュニケーションしているのか、ということについてもう一度見つめなおすことが最も重要なのではないかと思います。

司会　どうもありがとうございます。このセッションのテーマは「異文化間交流」ですが、理論的というよりは、演劇という身体性に棹さした分野から具体的なお話をいただきました。もう一つ、多言語的な演劇の実験というふうにおっしゃったと思うのですが、ポイントとしては、一つの言葉が一枚岩的で均質な、あるいは標準化された言葉というのではなくて、さまざまなモードがある。一つの言葉自体が複数的で多様なのだというメッセージがあったかと思います。私などは、人間は一つの言葉しか話していなくても、すでに多言語的なのだ、というグリッサンの言葉を引用したくなってしまいます。自分の身体と相談しながら受け入れられるものを受け入れる、というのも印象的でした。

文化相対主義と文化普遍主義

社会学者　カール・アハム

司会　最後に、カール・アハムさんにお話しいただきます。この日欧対話は、大きくカリブ海を迂回して日本や沖縄や韓国の話に戻ってきました。アハムさんは舞台の端で、いわば極西の位置に座っていますが、ヨーロッパを代表して、というと責任を押しつけることになりますが、話をヨーロッパのほうに引っ張っていただきます。昨日は、「古いヨーロッパ」の視点から戦争へ向かうアメリカを批判されました（九五―九七頁参照）。ということで、オーストリア・グラーツ大学社会学科教授であるカール・アハムさんには、グローバル化と文化の問題について少し理論的な整理をやっていただけるかなと思っております。では、よろしくお願いします。

私は文化相対主義と文化普遍主義の今日的な諸問題についてお話ししようと思っています。これまでのパネリストの方の発表とは少し異なり、やや理論的な話、いわば思想的な上部構造、枠組みについての話になると思います。いずれにせよ、異文化間の掛け橋作りに一役を担うことができれば幸いに存じます。

さて、西洋近代の価値と認められる自由主義、民主主義、個人主義、資本主義の基本的要素は世界的に広まり、これからも普及し続けると思われます。まさにこれこそがグローバル化だと言えるでしょう。そして、西洋の近代的価値の流れに反対する人々はグローバル化を忌み嫌うわけです。事実、世界中が西洋の文化モデルを取り入れているわけではなく、インドの知識人がポストモダン思想をきわめて高く評価するのも、そうした異議申し立ての一例と考えることができます。

また、西洋文明はたしかに他を支配しているが、だからといって他の文明よりも内在的に優れているわけではないということもよく言われます。

このような反西洋近代の動きは、しばしば文化的ないし歴史的相対主義として表明されます。相対主義は、真理、権利、習慣、倫理、すなわち人間の思想や価値のほとんどすべては、ある特定の時代、文明、国や地域から生み出されてきたもので、極端に言えばその範囲においてのみ有効であるという考え方であります。

カール・アハム（Karl Acham）

プロフィールは97頁参照。

この考えは必然的にすべての価値、すべての思想は多様性の一画を担い、それだけでその正当性が保証されるという考えを導き、さらに、文化的・歴史的な相違を超えて共有できる価値は何もないという態度につながっていきがちです。この問題はすでにヘルダー、ニーチェ、ディルタイ、またウェーバー、トレルチ、シェーラー、マンハイム、マイネッケなど多くの社会学者や歴史家が指摘してきたところです。

人間の性質というのはさまざまに異なるものですが、パスカルの言う「人間の条件」はだいたい共通しています。それは、悲しみ、喜び、苦悩など、人間の根源的な経験によって築かれていくものです。社会的な環境は変わり、精神的・知的環境も変化しますが、人間は自己の存在を意識し、その存在を維持するために行動すること、人を愛し、憎み、子孫を作ること、苦しみから逃れようとすること、死を恐れること、しかし確実に自分が死ぬことを了解していること、これらは歴史の流れのなかで変わることはありませんでした。比喩的な言い方をすれば、われわれは人間がまとっている衣服だけではなく、その下にある身体に注目すべきであるということです。外側の衣服の様子から、奇妙で理解不能だという印象を受けることがありますが、その中の人間の身体にさほど違いはありません。また、人間の想像力、喜怒哀楽の感情なども共通しています。ウパニシャッド哲学からユダヤ教、キリスト教、儒教にいたるまで、さまざまな宗教にも同じような感情を読みとることができるでしょう。

文化間の「翻訳」は可能か?

文化相対主義では、異なる文化や社会の間で「翻訳」が可能であるか否かが問題になってきます。言い換えるならば、われわれ「西洋人」あるいは「近代人」が「彼ら」を、「彼らの文化」を理解するための手段や方法についての問題であり、いかにして「彼らの」社会的・文化的現象をわれわれの知っているカテゴリーや概念に翻訳するか、そして「彼ら」を理解することがわれわれの自己認識にいかなる影響を与えるかという問題でもあります。

このような文化間の「翻訳」は可能であるように思われます。なぜならば、異文化間には合意できる基盤があると仮定することは可能であり、またわれわれはそう考えるべきであろうと思います。幸福、苦悩、死などの人生の喜怒哀楽や経験は共有できるものですし、真理や推論についての基準も共有しているのです。

われわれが現実を検証し解釈する際の「知識」は、「人間の条件」と不可分に結びついた根源的な価値を了解しているものです。その形態はさまざまで、また変化するものでもありますが、こうした知識をもとにした解釈から不変の何かが生まれてくるのです。科学の分野には「レファレンシャル・スペース」が存在し、誰もが同じ基準を用いてさまざまな主張や仮説を検証することができます。この点は加藤周一さんも昨日の講演で言及されていました。そうすると、「単一」あるいは「統一」された科学だけが存在するという普遍主義的な主張も出てきますが、それはあくまでも数学、物理学、医学・生物化学、遺伝子学、分子生物学などの分野に限られるもので、これらの分野の研究者が基礎概念、規則、定義や証明方法などを共有しているということにすぎません。
しかし、もちろん他方には、美術、工芸、音楽、舞踊、料理、あるいは儀式など、数理や論理や科学技術の世界の外で営まれる人間の思考や活動があり、そこでは文化的多様性や文化多元主義が問題となってくるわけですが、文化多元主義は文化相対主義とは異なるものです。文化多元主義は、一般に共有されている文化的普遍性の考え方に基盤を置いています。そうした普遍性の共通基盤の上に個々の相違点が生じてくるのです。

将来の地球社会のあり方について、できるだけ幅広い多様な制度的秩序を構築していくべきであると私は考えています。そうすることで、過去と未来を、類似と差異を結びつけることができるでしょう。そして、文化間の差異を超えて「人間の条件」が存在するということと、また、固有な伝統や慣習それぞれに文化的価値があるということの両方を認めなければなりません。

では、われわれの共通の基盤となるはずの文化的普遍性は、昨今の国際情勢のなかではどのように位置づけられているでしょうか。「普遍性」の本来の意味とは異なり、一部から支持されるだけで多くの反対がある今日の普遍主義的「時代精神」とは、一体どういうことなのでしょうか。このような、今日的な普遍主義は、全人類の名をかたって議論される「人権」についての偏った解釈なのではないか。また、グローバル経済の必要性を巧みなレトリックで説く、「市場経済」についてのある特殊な解釈として現れているのではないでしょうか。この点については、時間があれば後ほどお話ししたいと思います。

司会　ありがとうございました。価値の普遍性と文化的多様性を総合する可能性についてのコメントでした。ただ西洋的価値の普遍性といっても、いまアメリカとヨーロッパの間に意見の食い違いが生まれています。実は昨日も、アメリカの一国主義、ユニラテラリズムですね、あれはローカルなコンテクストで形成された価値があたかも普遍的な価値であるかのような顔をして世界中を渡り歩いているにすぎないのではないか、という指摘がありました。そういうアクチュアルな問題も含めて、カッコつきの「普遍」か、それとも「差異」か、という問題、これは現代の文明や文化の問題を議論する場合の一つの枠組みを作っている対立軸だと思いますが、そのポイントのところを整理していただきました。文化相対主義を批判しつつ普遍的な人間の条件を見据えた、「古いヨーロッパ」の良識を示すご発言でした。しかもアハムさんは、「人権」や「市場」を錦の御旗に掲げる偽りの普遍主義に批判的なようです。人権の問題は非常に微妙でして、国境なき医師団が唱えた「人道的介入」と、ある国の民衆を独裁から解放するためと称するアメリカの軍事介入とは、どこが違うのかという問題があります。

討論

司会　ここから二巡目に入りますが、あと三〇分しか残っていません。遠くから来ていただいた方を優先したいと思います。まずイ・ヨンスクさん、皆さんのお話も考慮に入れて、もう一度結論をお願いできますか。

伝統や起源に戻るのではなく……

イ　結論というよりは、私がお話ししたかったことを整理してみたいと思います。

まず、日本の「雑種文化」はクレオールとは言えないということ。それから、クレオールはもちろん混淆言語であるけれども、重要なことは言語の「再構造化」、そして話し手の「再主体化」であるということ。また、「再主体化」というのはもともとあった主体に戻ることではなく、新しい主体を常に作っていくことである。この三点を申し上げたと思います。また、日本の文化を雑種文化、あるいはクレオール文化だというときに、日本の「再主体化」がうっかりすると「伝統に戻っていく」と解釈されてしまう。再主体化というのは、伝統に戻るのでははなく、むしろ伝統や起源を拒否する、もっと過激に言いますと一度は伝統を壊す必要があるということです。これは日本だけではなく、私の出身である韓国でも同じことが言えると思います。混淆と伝統を壊す、破壊は必ずしも悪いものではなく、そこから新しいものが生まれるのだと言いたいのです。

「クレオール」と同時に「越境」という言葉もよく使われます。「越境」とは国境を越えることで、パスポートを持って旅行に出て「私は越境した」と言いますが、よく考えてみるとパスポートというのは人々がどこへ行こうと必ず回帰する場所を表すシンボルなのです。形式的にあるいは法的強制という面においてパスポートは必要ですから、それを拒否することはできませんが、文化の面においてはパスポートを拒否すべきであると考えています。なぜなら、一つの文化に閉じ込めるということでは、文化の生命力が非常に衰退することになりますから。ですから、パスポートを拒否する、あるいは伝統をずらす、もっと別の言い方をすれば、国家のお墨付きの中に住むのではなく、ある国から別の国に移民したとしても、その国家にすっぽりと入るのではなくて、国境の、境界線上に住み続けていくことによって、文化が新しい花を咲かせるのではないかと考えています。その場合、かなり不安定な状態に置かれるわけですが、実際には私たちは常に安住の地を探しています。けれども、ある場所に安住してしまうと、そこから非常に排他的なものが生まれていくのだと思います。

ところで、在日朝鮮人作家のヤン・ソギル（梁石日）さんの『タクシードライバー日誌』（ちくま文庫、一九八六年）や『タクシー狂躁曲』（ちくま文庫、一九八七年）という大変面白い、映画化（『月はどっちにでている』）もされた作品がありますが、その作品で強く私の印象に残っている一節があります。タクシードライバーは単に運転が上手なだけでなく、道をよく知らなければならないのですが、新米のドライバーが道に迷ったときには必ず車庫に戻って、そこからまた運転を再開するが、老練なタクシードライバーはどこでも、そこから再出発することができる、ということです。文化にも同じことが言えると思います。私たちは起源や伝統に戻るのではなく、いま、私たちが立っている場所でいつでも出発できるような老練なタクシードライバーになっていくことが必要なのではないでしょうか。

司会　ありがとうございました。タクシードライバーということでは、韓国からの難民としてフランスに受け入れられた洪世和さんの『コレアン・ドライバーは、パリで眠らない』（みすず書房、一九九七年）という素晴らしい本があります。ヨンスクさんは「再主体化」という言葉を強調しておっしゃったと思います。少し理屈っぽい話をしますと、近代国民国家ということがよく議論されますが、市民革命でできた国民国家の中にいる人たちは citizen（市民）だったわけですね。しかしイギリスであれフランスであれ、植民地の住人たちは subject（臣民）と呼ばれました。上からの権威に従属していた subject がいかに新しい主体として自分を立ち上げていくか、そういう文脈の中で私はいまのお話の「再主体化」という言葉を聞きました。しかも、それは失われた古い主体を回復するのではなく、伝統を壊して新しい何かをつくることだということですね。

その流れでマリーズ・コンデさんにもう一度お話いただきたいと思います。彼女も安住の地を求めず、たえずボーダーを行き来して書いてきた作家ですから。

いわゆるポストコロニアル文学の中でも、たとえばイギリスの植民地だったアフリカの国、ケニアのグギ・ワ・ジオンゴのように、英語で書くことを拒否し、自分の母語の、アフリカの言葉で書くことを選ぶ――小説としての流通度は低くなりますが、そういう選択をする作家もいます。マリーズ・コンデさんはそれとは別の選択をしたわけですが、そこには彼女なりの、支配者の言語と母語といった区別を超える発想があったようですが、少しその点を展開していただければと思います。

文学的カニバリズム

コンデ　五分や一〇分でこの問題を扱うのはなかなか難しいことです。植民地化された国における作家と言語の関係というのは、半年講義してやっと説明できるほど複雑な問題ではないかと思います。手短かにお話しすれば、アンティル諸島では、アフリカ各地から連れて来られた異なるエスニー（民族共同体）の奴隷たちが、相互にコミュニケーションするために言語を作り出す必要があったのです。はじめは単純な間に合わせのピジンがクレオール語に変わっていった、その経緯はイ・ヨンスクさんが説明してくださったとおりです。これはあり合わせのもので何かをつくるブリコラージュ的な、ごく自然のプロセスでもあったでしょう。

一八四八年にフランスの植民地で奴隷制が廃止されました。そこではじめてフランス語を使う可能性が開かれたのです。フランス人の支配者は非常に寛大で、自分の言語を奴隷にも与えたという神話がありますが、奴隷がフランス語を読んだり書いたりすることは犯罪と考えられていました。奴隷制廃止とともにフランス語を使っていいことになり、元奴隷は「新市民」として取り扱われるようになりました。しかし、それはあくまで二級、三級の市民です。一八三〇年から四八年にかけて学校を建設するという約束がなされましたが、実際には七〇年代、八〇年代にずれ込みました。かつての奴隷たちも主人の言葉を獲得することが可能になったわけですが、かつて奴隷だった新市民たちの欲求は簡単には満たされませんでした。元奴隷たちは自身でフランス語を獲得し、自分の子弟を学校に上げ、自分たちの歴史や文化の特殊性を理解できるようにする必要があったのです。かつては禁止されていたフランス語を獲得することになったわけですが、それはプランテーションの中で身に付けたクレオール語の場合と同様、自力で獲得した面が強いのです。フランス語は決して与えられたのではなく、奪い取ったのです。

したがって、一方に母語としてのクレオール語があり、他方に植民者の言語があるという対立図式はあまりに単純です。かつての奴隷にとって禁じられたフランス語を獲得することは、知識を手にすることであり、市民になる手段であったわけですから、私自身はフランス語を使うことにまったく後ろめたいところも違和感もありません。ただ私は、獲得したフランス語を私の意志に従って、私なりの言葉に変形して使っているのです。

いろいろな文学運動があって、プランテーションで生まれたクレオール語のみが真正の言語であるという主張もありました。「クレオリテ」の文学の主張者たちは、エメ・セゼールに対してフランス語を文学言語として使ったことを激しく非難したわけです。しかし、作家にとって言語はあくまで個人的な選択の問題であり、セゼールが『帰郷ノート』(平凡社、一九九七年)をフランス語で書いたとき、それはあくまでセゼールの言語で書いたのであって、そこにはフランス語の他、ラテン語やギリシャ語も混じっていますし、彼が作った造語も混じっていますし、アフリカの言葉も混じっている。したがって、まさにヨンスクさんがおっしゃった「再構造化」と「再主体化」があったのであり、フランス語を使っても、言語のメティサージュ、言語の雑種化による創造がおこなわれているわけです。

レユニオン島の作家に、エドゥアール・モニクという作家がいますが、彼はこう言っています。「フランス語は美しい女性のようなものである。自分はその女性と寝て、そこから混血児が生まれた」。まだ植民者の言語かクレオール語かという論争は続いています。一時の熱気は収まってはきましたが。言語の問題をごく簡単にまとめれば、根本的なことは、ある個人がある言語を用いるとき、個人はその言語を全く自分のものとして用いるのだ、自分語を作るのだということです。

司会　コンデさんは、講演では時間がなくて展開しませんでしたが、プロスペローとカリバンのテーマに触れましたね。要するに、支配された人間が主人の言葉を盗み覚えてその言葉で逆に主人をののしる、復讐するという、シェイクスピアの『テンペスト』に出てくるカリバンのテーマです。これを発展させてコンデさんは、文学言語における「カニバリスム」――カニバリスムというのは人の肉を食べてしまうことですが――もちろんメタファーとしての「文学的カニバリスム」という言葉で、いまおっしゃった考えを展開していいます。比喩的な意味ですが、相手の言葉を食べてしまって相手に復讐し、自由を獲得する。平田さん、この関連で何かあればお願いします。

言語教育と芸術家の役割

平田　一つだけ僕の経験に沿ったところでお話しします。僕は一九八四年から八五年の大学時代に韓国に留学をしました。そのときの担当教官は西洋哲学が専門でフランス現代思想などを勉強していた方でしたが、普段は私と韓国語で話すのです。ところが、読むのは日本語です。当時六十歳くらいで、大学までは日本にいらした方でした。要するに、高等教育を日本語で受けてしまった。そして、現代の韓国語はハングルのみで漢字があまり使われない。すると、漢字での教育を受けてしまっている人には、哲学書などは漢字が入った文章の方がやはり読みやすいらしいのです。また、難しい哲学の話などになると日本語を使う。それほどに、植民地支配というのは非常に深いところでその国の文化を壊していくわけです。

一方ではこういう経験もしました。僕は高校演劇コンクールの審査員をしていますが、最近、いわゆる方言芝居ではなく、普段の自分たちの日常会話でお芝居を作るというのが主流になってきており、それはよい傾向だと思っています。ある四国の学校がそういうお芝居を作った。ところが、後半の非常に長い台詞でテーマが語られる段になったら、それが全部標準語というか、共通語なのです。これは生徒たち自身が作った作品なのですが、難しいこと、真理、正しいこと、美しいことは方言にはなじまず――高校生ですから本当に無意識に作ったと思うのですが――その段階になると共通語でしか表現できない。たぶん、ある種の教育を受け、飼いならされてきたのだと思います。言語というのは、常にそういうふうに押し付けられ、飼いならされてくる部分があり、それは避けられないので、成人してからその問題を克服しようとしてもなかなか難しい面があります。

私たちの日本語自体にさまざまな要素が加わって、これを本当にクレオール化するつもりならば、より意識的にならなくてはいけない。私たちの言語がどういうものであるのかについて、より意識的になることによって、はじめて私たちの言語がファッションとしてのクレオールではない段階に到達できるのではないかと思います。また、イ・ヨンスクさんがおっしゃったことですが、私たちは根無し草の状態に置かれるわけですから、不安定になる。日本人はこれに耐えなくてはいけない。先ほども言いましたが、日本語だからよい、日本語だから美しい、日本語だから正しい、という根拠はすべて捨てなくてはいけない。日本人というのは何か困ったことや迷うことがあると、伝統や歴史に回帰するのが常ですから、これは辛いことです。韓国を植民地支配した時も、日本語教育の源は、日本語は天皇が喋る言葉である、だから日本語は美しく正しいのだ、そしてその正しく美しい言語を遅れた韓国や満州の人々に教えるのはたいへん正しいことなのだと信じて、日本語教育をおこなっていたわけです。しかし、その幻想を捨てなくてはいけない。

僕は芸術に携わる人間ですので、芸術家の役割というのは非常に大きいと考えています。普通の方は一日中二四時間ずっと寂しさに耐えたり、自分の言葉について考えたりする時間はありません。社会生活も送らなくてはいけませんから。そこを担うのは、やはり芸術文化の仕事ではないかと思います。なぜなら、芸術家というのはもともと根無し草で、国境や国籍もあまり関係なく、そして自分の姿を見つめるというのが芸術の何よりの仕事ですので、いま、日本語が大きく変わろうとしている時代にあって、日本の芸術家の役割というのは非常に大きいのではないかと思っています。

司会　はい、どうも。四方田さん、ワンポイントお願いします。

言語と階級

四方田　私は、自分が言語を選ぶことができるという言い方については、ちょっと違うのではないかと思っています。つまり、ある言語を使うというのは、ある世界観を選択することです。ミハイル・バフチンも言っていることですが、ある言語を選ぶというのは、言語の闘争であり、はっきりと階級闘争なのです。たとえば植民地でも、支配者のフランス人とその島に住んでいる人たちという単純な二項対立は存在しないわけで、日帝支配下の朝鮮において、親日派もいれば、貧しくハングルも読めない人たちもいたように、階級というものが厳然と存在しているのです。おそらくマリーズ・コンデさんの島、グアドループにもたくさんの階級が存在していたはずで、その階級によって、クレオール語を使ったり、普通のフランス語を使ったり、もっと上等なフランス語を使ったり、そういった階級があったわけですね。おそらくコンデさんもある階級に属されていたから、いまフランス語でお書きになることができるのではないかと思います。

私は昔、この間まで東京大学の総長だった先生の家に行ったことがあるのですが、驚くべきことにその家では日本語を一切使わず、すべてフランス語でした。その先生は『反＝日本語論』という本を出したのですが、その中で、自分の息子がどう見ても東洋人であるにもかかわらず、パリでもとてもきれいな発音のフランス語、下町のアクセントの強いフランス語よりももっときれいなフランス語を喋ったので、皆がすっかり感心した、と書いています。私はその先生にフランス語を習ったから、いまだにフランス語は上手じゃない。言語を選ぶというのは、やはりある世界観を選ぶことであり、召使いの言語があるように、主人の言語がある。ですから階級というものを忘れてはいけないのではないかと思っています。

V・S・ナイポールという作家と話したことがあります。トリニダード・トバゴ出身の彼ははっきり言いました。「自分はどんなイギリス人よりも美しい英語を書きたい。普通のセンテンスをイギリスの小説家は一二の単語で構成している。私はそれをもっと短く、一〇にしたい。いま八までできた。私はイギリス人の中でいちばん美しい英語を書いているというプライドを持っている」。そして、「V・S・というのはどういう意味なのですか」と聞くと、彼は急に怒りました。「そんな、私のヒンズーの名前なんか関係ない」。また、「トリニダード・トバゴではどんな言葉でお育ちになったのですか」と尋ねると、「私はそんな昔の島の言葉なんか忘れた！ 私は English writer だ！ author だ！」と言いました。私はこの人の階級というものに対する無自覚が、ノーベル賞に値するかどうかよくわからないですね。

昔、ある諺を習ったことがあります。自分の故郷に文学でも哲学でも達人、鉄人という人がいるわけですが、初心者というのは、自分の故郷を離れると、ニューヨークでも東京でもパリでも、寂しいなあと思って、故郷に戻れば何かできると思っている。これは並みの人、素人です。その次の鉄人になりますと、自分の住んでいるところが故郷なのだ、「住めば都」というふうにそこで順応していく。パリに行けばパリになる、東京に行けば東京になる。達人くらいになると、どこに住んでもそこが故郷で、「私は世界の市民なのだからどこに住もうがそこが故郷なのだ」という。しかし、最高の鉄人、超鉄人というのは、世の中に故郷というものはないのだと思うことですね。生まれたところも故郷ではなかったし、いま住んでいるところも故郷ではない。そもそも故郷というイデー自体が間違いなのだという、そこまで到達した人がやはり最高級の超達人なのではないか。日本文学だとそれに到達した人はただ一人だけです。三島でも川端でもない、坂口安吾です。坂口安吾は「故郷は語ることなし」と言ったのです。これは立派です。超達人だと思います。

「故郷」の終わり？

司会　ナイポールはインド系カリビアンの英語作家でノーベル文学賞を受けましたが、四方田さんはかなり批判的だったので、コンデさんにもコメントをいただきたいのですが、もう時間がありません。

イ　四方田さんのお話で非常に面白いことを思い出しました。海外の韓国人は大きく分けて日本、アメリカ、中国、中央アジアという四つのコミュニティに分かれて住んでいいて、私は四つのコミュニティ全部を訪問することができました。そして、それぞれ合言葉のようなものがあるのです。在日韓国人・朝鮮人のなかには、よく「私たちは日本人より日本語が上手にできる」と言う人がいます。アメリカでは「アメリカ人より英語ができる」、中央アジアに行くと「ロシア人よりロシア語ができる」、中国に行くと「中国人より中国語ができる」と言う人に出会うのです。けれども、在日韓国人・朝鮮人の母語は日本語です。それからアメリカにいる韓国人の移民二世の母語は英語で、朝鮮語はあまりできないのです。結局、ディアスポラと言ったとしても、そこには故郷への憧れが強烈にあるからこそ、ディアスポラの寂しさ、孤独さというのは増していくのではないかという気がします。むしろ、「日本人より日本語ができる」といった考え方を捨てた時に、ディアスポラを縛っている手かせ足かせというものがはずれていくのではないかと思います。

司会　故郷の終わりは、ディアスポラの終わりでもあるということになるでしょうか。アハムさん、もう時間がないのですが、ごく短く最後の発言をお願いいできますか。

グローバル経済と伝統文化

アハム　私は、個人は祖国や故郷を持たない、持つべきではない、世界中どこでも祖国だという考えには同意できません。そのような考えは、今日のある種の経済的イデオロギーに似ているように思えるのです。経済のグローバル化は人々の人生の機会や配分を変えてきました。人でも物でもフレキシブル、柔軟なものが得をして、リジッドで剛直な人や物は損をする。また、人でも物でも、機動的で移動性の高いものが優遇される一方、長い歴史をもち、地方に深く根を下ろしているものは省みられることがない。結局、経済のグローバル化の勝者は農民や土地所有者ではなく、鉱山労働者でもなく、鉄や石炭産業ですらない。一か所に留まって勤勉に働いてきた人々ではないのです。むしろ、かつて根無し草の投機家と揶揄された資本家、利潤を求めて世界中どこへでも出かけていく、あちらが安いと聞けばさっさと出かけて事業をはじめる、そういう目先の利く抜け目のない人々が得をするようになっているのです。

こうした現象の背後には、文化の価値についての深刻な問題が潜んでいます。グローバル化が投げかけるもっとも重要な問題は、伝統文化とグローバル経済との関係だと言っていいでしょう。たとえば、ＥＵの農業補助金が廃止された場合、アメリカやアルゼンチンの小麦農家や畜産農家が得するだけでなく、複雑で深刻な問題を引き起こすことになるはずです。フランス北部では環境破壊が止まるかもしれませんが、アルプスの東部・西部の広い地域では環境破壊が加速することは避けられません。

日本の場合、コメ市場を完全に開放したならば、長く伝わる農村の祭りや伝承文化とともに農業文化そのものが失われてしまうと聞いております。そして、こういう農村文化こそ日本文化の基幹をなしているのではないでしょうか。フランス、イタリア、スイスそしてオーストリアのアルプス地方についても同じことが言えます。アルプス地方は個性豊かな独自の文化をもち、それぞれの国の文化的アイデンティティ、国民文化の基本を支えています。最近は多分に観光化され人工的なものになっていますが。しかし、これらの国の工業地帯は、どこも同じように「近代化」され、個性もなく、面白味のないものになっています。

数年前に、社会学者のアラン・トゥレーヌは、民主主義が伝統に反対を唱えるのは間違っていると言っています。地球市民的な「普遍性」と称するものは、ある特定の地域の価値だけを取り上げて、その他の文化的伝統を排除してしまうものです。そのような偽りの「普遍性」は解体して、民主主義は伝統を取り込み、伝統を新たに解釈していかなくてはいけないというのです。

過去の偉大な文明が常にそうであったように、私は「多様性」こそが、未来の世界共同体の基盤となるだろうと考えています。しかしながら、現実の経済活動や経済現象が、文化など経済以外の要因に決定的に影響されるという点については充分に理解されているとは言えません。というのも——ウェーバーやシュンペーターには悪いのですが——商業活動に従事している人々は技術や会計学の話しかできないことが多いからです。文化的な創造性をもつ人々は非現実的な話をしがちですが、やはりもっと地に足をつけた堅実さをもって予算や会計の話ができた方が望ましい。それと同じように、経済界に身を置く人々は経済について語る時も、経済行為や貨幣の文化的価値というものについて考えることが望ましいし、そうあるべきだと思います。経済と文化を出会わせる努力を払わなければ、ものごとの価値は知っているけれども物の値段はまったく知らない人と、物の値段は知っているがものごとの価値を知らない人に分かれてしまうからです。

相互理解か誤解か

コンデ　いま発言された方に申し上げたいことがあります。他の人が言っていることがよく理解できない人がいるように思われます。ヨーロッパを代表する方が、非ヨーロッパ世界、たとえばカリブ海の人々を、国籍も言語もなく、世界中に離散せざるを得ない状態に追い込んだヨーロッパの代表が、今度はそれぞれの個人が祖国を持たなければならないなどと教えを垂れる、そんなものは必要ないと言っている人に反論するのは実に奇妙なことです。

経済的な西洋資本主義の圧力、そしていまや世界資本主義の圧力の下に行方を見失ったカリブ海の人々が、なんとか力を取り戻し、自分たちの言語で詩や小説を書き、音楽を作り出しています。そういう人たちに対して、彼らが経験しなければならなかった根こぎの暴力性を思えば、いかなる権利によってそういう反論ができるのか、理解に苦しみます。伝統を忘れなければならないという人々に、私たちをして伝統を失わざるを得ない状況に追い込んだ人々が、いまや私たちに伝統を尊重しなければいけないなどと教訓を垂れに来ているわけですね。それは全く恣意的な、あまりに矛盾した言説ではないでしょうか。それではヨーロッパとの対話など成立するわけがありません。

司会　日欧対話にコンデさんをお呼びしたことで、議論が拡散したというか深化したというか、破裂したような、そんなコメントでしたが、それはそれでたいへん結構なことだと思います。

時間が大幅に超過しておりますので、結論めいたことは申しません。最後のセッションでエドガー・モランさんが総括をなさいますので、いまのやり取りから、ぜひモランさんに取り上げていただきたいテーマをここで申し上げておきたいと思います。いわゆる冷戦後の世界を狭い意味でグローバル化と言っておりますが、そのグローバル化の十数年は同時に、「謝罪」とか「赦し」といったテーマが一斉に浮上した時代だったということがあるわけです。象徴的なのは、南アフリカ共和国でアパルトヘイトが終わり、二八年ぶりにネルソン・マンデラが牢獄から出てきたのが、一九九〇年でした。

その南アのダーバンで、一昨年の八月末から九月のはじめにかけて国連の反人種差別会議が開かれました。その時イスラエルとアメリカの代表は具合が悪くなって、途中でボイコットするということがありました。イスラエルはパレスチナ問題、アメリカは奴隷制以来の黒人の人種問題を引きずっているからです。直接の因果関係はありませんが、ダーバンの会議のわずか数日後に九・一一が起こったのです。ですから、この二十世紀末の重要な課題だった謝罪と赦し――フランス語で言えばpardon、英語だとforgive、どちらも「与える」という動詞が含まれている点が意味深いと思うのですが――そういう意味での、過去の清算や和解というものが成立しないまま今世紀になってしまっている。このテーマについて、エドガー・モランさんは文章を書かれているので、ぜひ最後に触れていただければと思います。そういう困難な和解のために、文化や芸術は何ができるかということを、もう少し議論したかったのですが……。あっ、アハムさん。

アハム　コンデさんは私をＥＵ代表として批判されたようですが、私の発言の主旨を完全に誤解されています。私の家族はもともと東ヨーロッパの出身で、故国を追われたわけですから、追放された人々や難民のことは身をもって理解しているつもりです。奴隷制、難民、それもこれも歴史の一部でありまして……。

コンデ　私の申したことに賛成できないといってお話を始められましたよね。あなたはここに腰をおろして、私どもに教訓を垂れようとされたように私には聞こえました。あなたはあなた自身しか代表できないのであって、ＥＵの代表として私どもに教訓を垂れようということであれば、こういう会議には参加しないほうがいいのではないかと思います。

アハム　私はあなたの発言に対してではなくて、別の方の発言を受けて意見を述べたのです。いずれにしても、この場ではこれ以上申し上げることはありません。

司会　はい、こうした議論の行き違いというものも討論の効用の一つだと思います。イ・ヨンスクさんは「起源や伝統に帰るのではなく……」と言いましたし、四方田さんは「最高の鉄人は世界に故郷というものを持たない」と言いましたから、アハムさんの発言はそれがグローバリズムにつながるとして反論したのだと思います。ところが、コンデさんは歴史的にも個人的にもディアスポラ（離散）を生き、その経験から小説を書いてきた作家なので、祖国や故郷についてのアハムさんの言葉に過剰反応したのでしょう。それぞれの誤解にはそれなりに根拠があるような気がします。この分科会は人数も多く、あまりまとまりませんでしたが、最後のほうでいろいろ問題が広がったところで、このセッションを閉じさせていただきます。

分科会II

講演　ジャン＝ミシェル・フロドン（映画批評家）

パネリスト　マーク・フェダーマン（社会学者）

服部 桂（ジャーナリスト）

柏木 博（デザイン評論家）

司会　黒崎政男（哲学／メディア論研究家）

情報のデジタル化と文化の将来

黒崎（司会）　では、分科会の第Ⅱ部を「情報のデジタル化と文化の将来」というテーマで進めていきたいと思います。現在、コンピュータのデジタル革命、日本ではマルチメディア、ＩＴ、ブロードバンド、ユビキタスというような言葉で呼ばれていますが、世の中でテクノロジーとしてコンピュータを巡る技術革新がどんどん進展しています。この技術革新、情報のデジタル化は、従来の諸文化、たとえば書物文化、映画文化、テレビの文化をどのように変えていくのか。インターネットの進展とグローバリゼーションはどういう関係を持っているのか。またそれが文化に与える影響とは。そういったことが中心テーマになると思います。

最初にジャーナリストで映画評論家であるジャン＝ミシェル・フロドンさんに講演をお願いしたいと思います。フロドンさんはフランスの新聞『ル・モンド』の映画欄を統括する責任者で、フランス映画界のジャーナリズムの中心的存在です。映画関係者、さまざまな哲学者やその他有識者を集めた映画研究組織「レクセプシオン」を創設してその中心的な活躍をされています。フロドンさんの著書『映画と国民国家』は岩波書店から翻訳が出ています。二十世紀というのは近代的形態における国民国家、ネーション、が最盛期を迎えた時代であると同時に映画がピークを迎えた時代である。そして、ネーションとシネマが単にその時代を同じくしているだけではなく、おそらく内的な連関があるだろうということを探る極めて意欲的な著作です。つまり、国家と映画は二十世紀にピークを迎えましたが、二十一世紀の今日のグローバル化、地球規模でのインターネット――それはある意味でポスト国家であり、ポスト映画の状況であるわけですが――という状況の中で、国家と映画はどう変容を遂げ、またどう生き残るのか、というようなテーマです。

今日の講演の題目は、「映画の危機」です。老婆心ながら申し上げますと、この「危機＝クリティカル・ポジション」には二重の意味があります。「クライシス」という意味での危機的状況にある映画ということと、「クリティーク」という批判的なポジションを取り得るという意味での映画、というダブル・ミーニングだと思われます。それでは、しばらくフロドンさんに講演をお願いしたいと思います。

〈基調講演〉映画の危機？

グローバル化・デジタル化と映像芸術の関係

ジャン＝ミシェル・フロドン

これから映画についてお話ししますが、その前に私の話がわかりやすくなるように、はじめにいくつかの一般論をお話ししたいと思います。数分で世界を説明し直すことができると思っている狂人を前にしているのではないかと心配しないでください。大袈裟で雑な表現を用いたとしても、それは単に私の話を明らかにするためです。

国家とグローバル化

さて、一つの世界の状況がありました。少なくとも世界を支配し、いたるところで規則を押しつけていた状況がありました。その世界の状況は、それまでのどの状況よりも優れており、人類の肉体的・精神的な健康を向上させ、宇宙や人類についての理解を深めるために大きな進歩をもたらすものでした。しかし同時に、それまで一度もなかったような大きな苦しみを、人間が人類と自然に対して与えることを可能にするような状況でもありました。この世界の状況は機械の時代、産業の時代、そして化石燃料の資源を大々的にエネルギーに換えた時代だったのです。また、この状況に合わせて政治や社会の制度が作られました。なかでも「国家」と呼ばれる制度が代表的なものです。この制度は、自らの限界を必然として抱えていました。絶えることのない拡張が地球の限界に達する時に出会う限界です。しかしその時、自らの矛盾の重みの下で崩壊する代わりに、国家という制度は変貌を遂げたのです。

この世界の状況は消滅しませんでした。しかし、富の生産、集団の間の力関係、地球の社会・経済制度をつねに変貌させるダイナミックな力を行使することをやめました。新しい力学（ダイナミクス）が用いる主要な財（リソース）は、非物質的な資源、つまり情報の生産手段です。情報に関わることから「情報処理」と呼ばれるこのシステムによって、情報はこれまで知られていたものとは比べものにならないスケールで蓄積され、組み合わされるようになりました。これらのデータは、デジタル化によってただ一つのコードに還元されたことで管理が可能になったのですが、それは物質の可能性を――とりわけ、植物、動物、人間など、生命を持つものの可能性を――その構造の組み替えも含め、最大限に引き出せるようにするものです。これは、新しい集団の構造を伴うものであり、また、ある意味では新しい集団構造の理論的モデルも制定するものです。この新しい集団構造は、異なりつつも相互に関連している二つの傾向を持ち合わせています。一つは、共同体を構成するすべての絆に対して、個人の自立が強まる傾向です。この絆というのは、人を締めつけるものですが、相互扶助や連帯の側面もありました。二つめは、人類全体の規模での共生が一般的に広がっている傾向です。人類的な規模で社会集団が統一されようとしている中で新しいかたち、新しい可塑性が生み出されつつあるのです。その結果、一方では、まだこういった新しいプロセスとはかけ離れた生活様式の人々のもとで激しい抵抗が、他方では、新しい、超国家的あるいは下部国家的（インフラナショナル）な連携への実験の試みが生まれてきているのです。フランス人はこの現象を、モンディアリザシオン（mondialisation）と呼んでいます。世界の他の場所では、グローバリゼーション（globalization）と呼ばれています。

産業時代の芸術としての映画

人類が人類たり得るのは、人類が、世界と自分たち人間についての表象を生産できるからです。これらの表象方法の中では、言葉が最も進んだかたちですが、言語だけに限られているわけではなく、さまざまな形態があります。たとえば、ある種の文明は特殊な、一連の表象様式を発展させました。つまり芸術です。芸術とは、一人の人間が同時代人や後の世代に向けて、視覚、聴覚、言語、身体の動きなどを用いて自分の世界観を提案しようと、個人的な取り組みで制作する記号体系の作品、と定義できます。そのコードは集団で共有できるものですが、それを作品として実現する行為は一つの特異な行為です。この個々の行為と、そして、集団的な、場合によっては普遍的なものに触れることとの間に、補足的な要素、すなわち存

ジャン=ミシェル・フロドン
(Jean-Michel Frodon)

ジャーナリスト、映画批評・映画史家。1953年パリ生まれ。大学卒業後、教員、写真家を経て、ジャーナリスト・映画批評家として週刊誌『ル・ポワン』に執筆開始。1994年日刊紙『ル・モンド』映画欄シニア・エディターに就任。映画とデジタル技術についてのセミナー、シンポジウム、会議等を多数企画・主宰。2001年『ル・モンド』とパリ政策科学研究所の支援の下、映画関係者、有識者を集めた映画研究組織「レクセプシオン」を設立。『映画と国民国家』など、映画批評の著書多数。

在はしなくとも何か感じることができる、言葉にも形にも表せない、「神聖な」要素が生じます。ここでの「神聖」は宗教的なものと結びつけて考える必要はありません。芸術史は、これらの人間の行為の歴史でもあり、また同時に、社会がどのように、これから申し上げる、変わった作業をおこなってきたか、あるいはおこなってこなかったかを述べる歴史でもあるのです。つまり、芸術作品が、美――この曖昧な言葉はあまりに多用されすぎていますが――この美のもつ力を用いて、芸術作品がすでに提起していたにもかかわらず、社会の方はまだ理解していなかったものを認識するという作業です。

多くの社会は、一定の物質的・象徴的な発展段階以降、さまざまな芸術を生み出してきました。新しい発展段階の都度、新しい芸術が台頭し、それ以前の時代の芸術は、ときには消滅しましたが、多くの場合は保存されてきました。とはいえ、社会の中で、社会の自己表象のニーズの中で、「秘密裡に」語る――というのも芸術は、いつも人間と世界、あるいは人間同士の関係について密やかにしか語れないからなのですが――そのさまざまな方法の中で、前の時代の芸術はそれまでとは異なる地位を与えられることになりました。十九世紀と二十世紀の資本主義社会は自分に合った芸術を生み出しました。その中で、この独特の社会の要請に最も完全に、網羅的に応えたのは映画です。技術水準と社会関係から生まれた映画は、また、映像に対するある種の関係の帰結でもあります。それはたとえばある宗教、つまりキリスト教等が具体的に展開し、理論化し、論じてきたような、可視のものに対するある種の戦略の帰結でもあります。

映画はリチョット・カヌド――イタリア出身の映画批評家で、フランスで活動していた人ですが――彼の尽力で一九一〇年から、数少ない芸術の一つとして映画も公認されました。映画のことを「第七芸術」とフランス語で言いますが、これは彼が生み出した表現です。実際には、もう少し時間を経た後に、ようやく映画は芸術として認知されることになります。映画をなかなか芸術として認めなかった傾向は百年過ぎた後もまだ完全に消えたわけではないのですが、それは映画の特殊な性格によるものです。映画と他の芸術との違いというのは、まさしく映画は産業時代の芸術だからです。

映画とテクノロジー

ここで、私が映画の主要な特徴と考えているものを三つあげたいと思います。第一の特徴は、機械工学、化学、光工学、電気などを駆使し、機械とテクノロジーを活用しなくてはならないことです。映画は技術の時代の芸術なのです。二つめの特徴は、一人では作品が製作できないことです。多くの困難がありますが、一人で一本の映画を撮影することは可能です。しかし継続的な活動として映画を考えると、その製作から上映、配給、多額の資金調達、特殊な施設の利用と、かなりの数の職種の人間の集団的な作業が必要となります。この二番目の特徴は、それほど特殊なものではありません。なぜなら、映画だけでなく、それ以前から存在していた演劇、演奏会、オペラ、舞踊も、孤立した個々人ではなく、原則として集団がおこない、そして観客と呼ばれる集団によって受け止められるものです。映画は製作面でも受け止められ方においても集団的な芸術なのです。三番目の特徴は、時間と空間の四次元において、目に見える、音として聞こえる現実の記録（録音・録画）を含むということです。いまアナログと呼ばれる技術に依拠しているわけですが、光、音などの痕跡をとどめていくわけです。実際何が起きたかということを記録していくものなのです。ですから、映画は現実の芸術だといえます。

異論を唱える方もいらっしゃると思いますので、ここで少々脱線して説明を加えます。集団的な表象の構築という意味では、この半世紀近くの間、別の装置、つまりテレビという装置の支配を受けてきました。もちろん「テレビ」という言葉には問題があります。というのも、たしかに似たような受像器（テレビ）で受信し続けているとはいえ、この年月の間にかなり異なるものを指してきたのです。テレビはその方式、経済、イデオロギーが変わってきたにもかかわらず、同じ「テレビ」という言葉を使い続けているのは少し問題があると思います。テレビは現代社会が機能するための重要な要素です。しかし、本日の私の考察の枠組みの中にはテレビは入ってきません。なぜなら、テレビは芸術ではないという根源的な理由からです。テレビが芸術ではないのは、テレビが作品の論理ではなくフロー（流れ）の論理に従っているからです。そしてこのフローを構成しているさまざまな要素はさらに川下の放映レベルの条件に依拠しており、世界に独特の眼差しをむけた製作によるものではないからです。テレビ放映用に作られた、あるいはテレビ局が製作した番組の価値に関する虚しい論争に立ち入ることはしませんが、テレビの本質はコミュニケーションの手段であり、それは、芸術とは非常に異なるものなのです。

私が先ほど定義した映画に話を戻しますと、何よりも第一番目にあげた特徴（機械工学、化学、光工学、電気などを駆使し、機械と技術を活用しなくてはならない）が、映画装置を「特定の時代」のものとし、存在してから最初の六〇年間で映画の近代性を刻印し、そして現在、映画をもはや乗り越えられつつある過去の技術の時代に帰属するものとしているのです。すでに映画の製作と上映に関しては、次の時代のテクノロジー、エレクトロニクスのテクノロジーが大々的に活用されています。デジタル・カメラの利用から、たとえばジョージ・ルーカスが『スター・ウォーズ』で使用した大型の機械まで、デジタルな特殊効果が一般的になってきています。音響関係（録音とミキシング）はすでにほとんど完全にデジタル化されています。編集関係ではコンピュータを使用しての編集が通常となり、フィルムを編集台で編集する方が例外的となりました。デジタルな調節がいまや一般的になろうとしており、映像を使ってどれだけのことができるかというさまざまな可能性がやっと認識され始めたばかりです。テレビのアナログ方式はまもなく古めかしい思い出になるでしょうが、そのテレビで映画が放映されています。膨大な可能性を秘めたＤＶＤがあります。フィルムを使っての上映に対して優位に立つとはまだとても言えませんが、デジタル上映は盛んになっています。ホーム・シネマといわれる家庭での大型スクリーンへの映写も広まってきています。インターネットでも映画が放映できるという展望が生まれています。

こうしたことは、すべて映画におけるデジタル技術の容赦ない進展を物語っています。これらの新しいツール、習慣、製作、上映、消費の形態は、映画を大きく変容させています。現在のところ、これらが映画を滅亡に導くものだというはっきりとした証拠は何もありません。こういった変化が映画独自の性質の理論的定義——アンドレ・バザンならその存在論といったでしょうが——の見直しをもたらすかもしれないが、それは、極言すれば、業界関係者あるいは時代遅れともいえる映画ファンの関心を引くだけでしょう。ただ、先ほど述べた映画の他の二つの特徴は、別のかたちで、重要で必要不可欠な役割を映画に与えると私は考えています。

映画のクリティカルな立場

たしかに、この講演のタイトルどおり、映画は「クリティカルな」立場にあります。つまり、映画の後に出現した放送技術やその他の娯楽によって、映画の立場は弱められ、危険で「危機的（クリティカル）な」状況に置かれているからです。しかも現在は、個人や集団の想像の世界の形成に主要な役割を果たしているのはテレビです。

しかし、映画はまた同時に、デジタル化・グローバル化という二つの傾向をもつ現代の状況に結びついている世界の表象体系に対し、批判的な考察をする「批判的（クリティカル）な」立場に立つものでもあるのです。映画は、全体を統一化する性質をもつデジタル化・グローバル化という支配的な装置に対して、再び距離をとるものであり、それ故自由が保証されているのだと私は考えています。いずれにせよ、いかにして映画がこの批判的な役割を果たせるのかを理解するためには前述の二つの特徴、すなわち、集団との関係と現実との関係について考える必要があると思います。

今日、進行を続ける技術革新のパラドクスの一つは、過去に戻れることです。デジタル技術はオーディオ・ビジュアルの分野で仕事をしているアーティストに、かつては作家や画家の特権であって、映画監督には与えられなかった特権を復活させています。一方では、何世紀も前から、ほとんど誰もが本を書いたり、絵画を描くことができるのと同様、新しいテクノロジーのおかげで、比較的手頃なコストでより多くの人々が、作品を一人でも製作できるようになりました。その作品が観客と出会えるかどうかという問題は、その先の配給に関する話であり、製作に関するものではありません。他方、生きもの、もの、景色などの現実に依存する必要もなくなりました。何もないところからコンピュータで映像を作ったり、また現実の映像を変形したり、無限に複製したりして、映像を操作することが可能になったからです。現にこういった可能性から新しいアートが誕生しつつあり、それ自体たいへん結構なことです。しかし、一部の人々がインフラ、技術者、資金と、集団の手を借りなくてはならないため大掛かりである、あるいは、現実に依存しているため欠陥がある、とみなしていた点は、同時に、あるいはそれが、何よりもまず映画独特のダイナミクスを培っていたのです。

このダイナミクスのおかげで、映画は社会に対して見事に反応していくことができたのですし、その能力、つまり自分では無自覚なまま社会の中で起きている変化を、ドラマ、エロス、ユーモアを介して象徴的に翻訳する能力——ときには無自覚であるだけに一層すばらしい能力——をもつことができたのです。したがって、これも映画という「純粋でない芸術」独特の資質の一つなのですが、ハリウッドをはじめとするその最も産業的なところで、しばしばこういった「現実の効果」が働いたわけです。セルゲイ・エイゼンシュテイン、フリッツ・ラング、溝口健二、オーソン・ウェルズ、ジャン=リュック・ゴダールなどがその最も顕著な例でしょうが、偉大な映画作家たちは、映画の特色を利用して独自の表現形態を生み出してきました。とはいえ、映画作家はたとえどれほど天才的であっても、書物や絵画の作家ほど純粋ではないのです。

表象と現実の間

他方、映画の各種機械が記録する現実の指示対象は表象（ルプレザンタシオン）の倫理の出発点になります。映画が唯一絶対の「真実」を示し得ると信じたことが問題なのではありません。そんなことを信じるのは馬鹿げたことです。映画は、表象に対するある種の信仰と、（操作、編集、特撮を含む）映画技術に対するある種の黙契のうえに成り立っており、そのことで社会は映画技術を信頼すると同時に警戒するようにもなっていました。ところが今日、現実の写実的な表象はデジタル化によって新たな造形的可能性を獲得し、これまで映画を支えてきた黙契は決定的な危機に瀕しています。この点について、私は、映画がこうした危機に対抗するに足る十分な武器を持っていないのではないかと恐れています。つまり、ここで私が申し上げているのは、「真実」に関する問題ではなく、表象の倫理に関する問題なのです。アナログのさまざまな技術が――映画はそれを総合するものですが――現実の存在を「内側に取り込むもの」であることから、それまで芸術家、哲学者そして美術史家が抽象的なものに対して加えてきた考察が根本から見直されることになりました。抽象的というとき、俳優という現実の存在によって体現されるものではありますが、演劇の登場人物なども含みます。もちろんこのことはパラドクスを孕んでおり、このパラドクスからその限界も生じてきます。ヴァルター・ベンヤミンの、芸術作品の複製を機械的に生産する技術に関する論考を世界の複製を機械的に生産するという問題にすり替えて、映画批評家は、主にフランスの批評家ですが、バザンから、トリュフォー、ゴダール、リヴェット、コモリ、ベルガラを経てダネイまで、現実のものや人の存在に依拠した表象がもたらす倫理的・政治的関係について思考を重ねてきました。映像（イマージュ）の理論の視点から、彼らは、偶像対イコンの古くからの、決して決着のつかなかった論争を刷新し深化させました。つまり、「目に見えるものの中に存在するもの」の問題を、超越性にではなく、「そこにあった現実」に関連づけて定義し直したのです。たとえスクリーン上に見えるものが「そこにあった現実」そのものではないにしろ、です。「目に見えるものの中に存在するもの」と「そこにあった現実」、両者の関係から生じる要求は、一つの視点を選び、一つの視点を定めることによってはじめて実現されるか、あるいは否定されることになります。視点を選び、定めることは、作家――この場合は映画監督――を倫理的にコミットさせ、視点こそが映画監督の芸術的な表現様式を規定することになります。

他者との絆と距離を取り戻す

この「目に見えるもの」と「現実」との関係から生じる要求は、創造行為における集団と個人との関係や、現実との特殊な絆によってもたらされる倫理的・政治的課題から生じるものですが、この要求こそが、デジタル化とグローバル化の時代には一層必要になってくるものです。しかしながら、今日のテクノロジーにはもはや技術的な制約も問題提起も含まれず、「目に見えるもの」と「現実」との関係から生じる要求はテクノロジーから出てくるものではなくなっています。ここから二つの問題が提起されます。私は回答を持ち合わせておりませんので、どういう問題であるかを説明するだけにとどめます。つまり、なぜそれが必要とされるのか、しかもいままで以上に必要とされるのか。もう一つは、いかにしてそれが可能となるのか、技術や社会の流れが、この古びたアナログの機械類を過去に追いやろうとしているのに、という二つの問題です。

最初の問いに対しては、類似性と距離を同時に構築することができる装置以外には、集団の中に個人の自由を生み出せると約束できる集団の組織方法がないのだ、と答えましょう。私たちを、私たちの仲間ではないものと隔てる距離によって、私たちは類似するものを認識し、そして、人間が人間となるために交流し、共有するという条件が成立するのです。つまり、言葉の共有です。表象とコミュニケーションの新しい技術は、すべてを一つの全体の中に融合してしまうか、あるいは、逆にそれぞれ孤独に分離・孤立してしまうかです。しかし映画の特質は、他者との、そして世界との絆と距離を取り戻すことを可能にするのです。それは、各人が自分ではない別の人間と相互に言葉を交わすことで、自分の居場所を築いていくための必要不可欠な条件なのです。しかし、それは可能なのでしょうか。そのような装置は現在では死を宣告されており、せいぜいお飾り程度にしか存在できないのではないでしょうか。いいえ、過去の例を見ればそうとはいえません。歌、悲劇、踊り、小説といった芸術は、時代や社会状況が変化しても消滅しませんでした。それらは変容を遂げ、新しい状況の中で、いままでとは異なるかたちで自らの役割を果たしているのです。私は悲観的ではなく、これから始まる時代はさらに大きな機会を与えてくれるものではないかと思っています。

グローバル化に抗う立場

先ほど、デジタル化・グローバル化という、全体を統一していく「集約的（totalisant）」な装置が支配的だと述べました。デジタルなものが「集約的」な動きを持つのは、物質の場合も物質でない場合も、すべての存在を統一されたコードで共通に定義してシステムに取り込まれてしまうからです。グローバル化が「集約的」であるのは、距離を隔てたところにある違いや社会的・政治的な制度の差異をなくし、資源や商品のローカルなコントロールをなくそうとするからです。「集約的」は「全体主義的（totalitaire）」と同義語ではありません。「全体主義的」という用語は、望むか否かにかかわらず、すべての内部の矛盾や差異を排除しようとするシステムのことを指しています。「集約的」は取りこぼしや、外部のものをなくそうと望みながらも、内部の格差を容認するだけでなく、価値を最も高めるものとして必要としているシステムを指します。

この「集約的」なシステムは他のシステム同様、力学的な矛盾を孕んでいます。しかしそういった矛盾は、システムの限界に位置しているのではなく、システムの内部で作用しています。ここでヴィクトル・ユゴーの「これがあれを殺すだろう」という有名な文章に戻らねばなりません。ユゴーは、カテドラル（大聖堂）の時代が書物の時代によって取って代わられるだろうと、『ノートルダム・ド・パリ』の中で予言しています。たしかに、書物はカテドラルを王座から引き摺り下ろしました。しかし、書物がカテドラルを殺してしまったわけではないのです。また、さまざまな種類の礼拝の場の建造を廃れさせたわけでもないのです。そういった礼拝の場の人々を引き寄せる力とそこにある建築物が、その都度、集団、個人、聖なるものに対する新しい関係を生み出しているのです。しかも、価値を引き出す現代のシステムは高度なものになっており、すべての関係を、一般的構図から外れようとするものも含めて、活用することを目指しています。したがって、デジタル化とグローバル化の時代は映画の死を望まないのです。社会の行動様式を現代的に管理する中で生み出されたニッチの論理は、レトリックでもイデオロギーでもなく、マーケティングと現在呼ばれているものなのです。マーケティングは、むしろ、少数の人々が自分の欲求を満足させられる、このような違いを奨励しています。マイノリティとは、その数を減らしていくべきものではなく、大切にし、その価値を高めていくべきものとなります。そうであるならば、これらのマイノリティのメンバーこそが、ダイナミックに、批判的に、積極的に、この放任主義（レセ・フェール）を、グローバルな装置を危機に陥らせる力に換えていかなければならないわけです。そのような力がまさしく映画なのです。そのような闘いに臨むにあたって、映画は最も適切な道具の一つなのです。

最後に、次の点だけをあげておきたいと思います。映画は、日本やヨーロッパの政治的文化的な実体と戦略的に同様の位置を占めています。つまり、グローバル化とは違うるつぼの中で練り上げられ、現在の支配的なモデルの図式——映像の世界ではハリウッドと呼ばれる図式ですが——に取って代わる可能性を秘めているのです。長い歴史の中で形成されてきた日本やヨーロッパの政治・文化には、不名誉な要素もあるかもしれませんが、さまざまな象徴的な価値を有するもので、だからこそ映画と同じく二重の意味で、現在構築されつつある世界に対して「クリティカルな」立場に身を置くものなのです。

問題提起

司会　ありがとうございました。メディアの問題としても映画論としても豊かな議論を含んでいたと思います。さまざまな論点が出ましたので、簡単にまとめてみます。

まず、映画というのは産業時代の芸術である。つまり、機械とテクノロジーを活用する芸術である。第二に、テレビと映画はまったく違う性質を持っている。フロドンさんが強くおっしゃるには、テレビは芸術ではないということです。第三に、現在さまざまなデジタル技術が映画の世界に押し寄せていて、ある意味で映画は危機に瀕している。最後の結論として、映画は新しいコミュニケーション手段、テレビやインターネットとは違って、他者と世界との絆と距離を取り戻すことを可能にしている。それが映画の映画たる所以である、とおっしゃっていたと思います。

このお話をもとに、セッションに入っていきたいと思います。フロドンさんの発言で、一つ気になる点があります。映画だけが他者と世界との絆と距離を保つことができ、その他はそうではないということですが、いまのデジタル化の時代、すべてが0と1の情報に還元される時代に、映画だけが本当に絆と距離を保つ特殊な存在としてあり得るのか、というのが大きな疑問として残ります。たとえば、ユゴーの小説の中に、「グーテンベルク・テクノロジーによってできたこの小さな書物が、あの大きなカテドラルの文化を殺してしまうことになる」という記述があります。フロドンさんがおっしゃったように、カテドラルは死ななかった、それなりに生きているということもありますが、印刷文化で死んでしまったものもある。たとえば、イエーツが描いている記憶術、メモリーの技術というものは、書物が出たことによって完全に消えてしまった。ですから、消えないものもあるが、消えるものもあるだろうという気がします。この点については、後の議論の中で取り上げたいと思います。

書物文化の解体

このセッションには、「情報のデジタル化と文化の将来」という表題をつけました。どういう意味であるか、少し説明します。グーテンベルク・テクノロジーという活版印刷術が十五世紀の後半に登場してから、それが今日の西洋文明を作り、知的な共同体も作り、約五百年に渡って文化の中心を担ってきたと捉えることができます。それまでの写本文化では、一字一句写していく生産性の悪さと同時に、間違って写したりするようなこともありました。書物文化の特徴というのは、まさに同一のテキストが一字一句間違いなしに大量に生産できる。それは地域も時も超えて、同じ議論ができるという点です。デカルトは暖炉の前で考え、「cogito, ergo sum」、つまり、「我思う故に我あり」と発見するわけですが、それは、フランスのどこかでおじさんが暖炉の前で発見するわけですよね。それがある種のテキストに書き留められ、テキストが大量にグーテンベルク・テクノロジーにのることによって、フランスではないところでもデカルトの思想が読まれ、日本の大学の哲学科の中でも、図書館でも、いまでも読まれているわけです。一字一句違わない、同一のテキストが供給されるからこそ、それが見えざる知的共同体を可能にしてきたのです。

よく指摘されているように、写本で作られた聖書は非常に高額ですから宝物のようで、貴族や本当に少数の人にしか行き渡りませんでした。そして、マルチン・ルターの聖書がグーテンベルク・テクノロジーによって大量に世の中に出回ることで宗教というものが変わり、後ほどフェダーマンさんがお話ししてくれるかもしれませんが、マクルーハンの言い方によれば個人の中に内面を発生させた、あるいは、ネーションやパブリックさえも発生させたということになると思います。

書物は、そういう意味でここ五百年ほどの間、西洋というものを形作り、いまでいえば文明の基礎になっていたというわけです。

ところが、書物が衰退していく歴史が二十世紀前夜から始まります。まず、第一段階目はフロドンさんの指摘にもありましたように、情報を伝える他のメディアがいろいろ登場する。たとえば、音を保存するオーディオのテクノロジーが発生する。次に、場面を記録するフォトグラフ、写真の技術ができる。さらには、映画の技術が出現する。そして二十世紀中頃になると、ラジオそしてテレビが出てきます。さまざまな新メディアが出現することによって、それまで絶対的な地位を占めていた書物、活字の文化がある種「one of them」という憂き目をみることになった。知的文化人たちからは書物が素晴らしいのであって、それ以外のメディアはダメなのだというような意見が言われるようになる。日本でも少し昔には、子供がテレビを見ていると「テレビばかり見ているのではなく、本を読みなさい」と言われ、本を読んでいると親が安心するということがありました。それは書物というメディアの形式が持っている信頼感というものがあったわけです。それが二十世紀の中頃まで続いたのですが、今回議論しようとしているのは、デジタイゼーション、情報のデジタル化という次元に事態はさらに進んだということです。

先ほども言いましたが、デジタルはすべての情報を、0と1の抽象的な物質から離れた情報に還元する。これまで持っていた書物、写真、オーディオ、映画といったそれぞれ独自の文化は、それぞれフィルム、印画紙、スピーカー、本棚、紙などの物質性に依存していました。それが物質性からすべて剥奪されて0と1の情報に還元されるということです。インターネット上を瞬時に飛び交うような情報になる。そうすると書物の文化は二十世紀初頭の新メディアの登場、今回のデジタル化によって二段階の解体を経験する。それ以外の写真、オーディオ、映画、ラジオ、テレビなどという独自の文化を構築した世界も解体されて、0と1の世界に落ちていく。この新しいデジタルの世界あるいはインターネットの世界で文化はどういう変容を辿っていくのか。これがこの分科会の議論の大きなテーマになると思います。

グローバル・ヴィレッジの文化的パラドクス

メディア論研究家　マーク・フェダーマン

司会　では、最初にフェダーマンさんに発言をお願いしたいと思います。フェダーマンさんは、マクルーハン・プログラムのチーフ・ストラテジストで、トロント大学の助教授です。

メディアの社会への影響

まず、一つの問いを投げかけたいと思います。「どこにでもあって、どこにもない、グローバルだけれど、グローバルの意味である地球がなくなってしまうもの、個人にグローバルの性格を与えるけれど、個人個人でなくするものとは一体何でしょう」。これが、インターネットのパラドクスです。このパラドクスについてお話ししたいと思います。

インターネットというと、多くの方はテレビと比較されます。理由は簡単です。両方とも画面というものがあるからです。画面を媒介としたテクノロジーは、多かれ少なかれ似たような効果を持っています。テレビはリモコンで操作しますが、コンピュータの場合はマウスがリモコンの役割をします。そして、テレビのチャンネルをどんどん変えて「他のチャンネルではどんな番組をやっているかな」と見るように、インターネットの場合にはチャンネル・ガイドの代わりにハイパーリンクを辿って「他のサイトにはどんな情報があるかな」とザッピングするわけです。

しかし、果たしてこのような比較は正しいでしょうか。マクルーハンは、メディアの性質を知るためには、その使用方途ではなく、メディアが人間と社会にどのような影響を与えているかを見なくてはいけないと言っています。とくに目に見えないもの、はっきりしないもの、普段気づかないでいるものの持つ影響が大きいと彼は言っています。たとえば、テレビの影響というものを考えてみます。テレビの役目は、外の世界を家の中に運び込んでくることです。コンサートの舞台や政治の演壇、戦場の様子までが家庭に持ち込まれます。それに対してインターネットは少し違っていて、私たちの方がコンピュータ・ネットワークを通じて、家あるいは自分の身体を脱け出してサイバースペースに飛び込んでいきます。

デジタル化されたテキスト、オーディオ、ビデオ、グラフィックスがコンピュータの画面に映るという意味で、インターネットはテレビに似ていると言う人がいるかもしれません。しかし先ほども申し上げたように、マクルーハンはメディアがどのように私たちに影響を与えるかによってその性質を見極めるように注意を促しています。彼によれば、機械化は社会に爆発的(explosive)な影響を与えたが、それに対して「一瞬にしてすべてを行なう」電気は、いわば内なる爆発(implosive)でした。世界がそれによって効果的に縮小・濃縮されたからです。

フィギュア・スケートの選手が、スピンの際に腕を身体につけて回転のスピードを上げようとしますが、同じように、電気化の内なる爆発を回転運動に喩えて説明することができます。テレビの力は、たとえるならば求心的な力です。外界のさまざまな出来事が、テレビを見ている者を中心に求心的に向かってきます。マクルーハンは、エドガー・アラン・ポーの『渦潮』を頭においていたようです。水兵たちが渦巻に呑まれて海底深く引き込まれていく、そのような力をテレビは発するということです。全世界が合体してテレビの中に凝縮され、家庭の中に流れ込んできたことにより、世界が非常にわかりやすいものになりました。

インターネットの遠心力

それに比べて、インターネットは遠心的な力を発揮します。つまり、私たちの身体を中心に回転しながら遠ざかっていき、サイバースペースに飛び出していく遠心力です。そのためにわれわれは現代文明においてありがちな、方向性を失って何が何だかわからないといったような状態に導かれます。超新星のように私たち個人個人が新たな未知の世界へと投げ出されるわけです。マクルーハンが述べたように「われわれの中枢神経系を電磁技術で延ばしていったとすれば（中略）意識がコンピュータの世界に入り込んでいく」のです。

　では、私たちが知らない間に入り込んでしまうインターネットの世界、サイバースペースとは何なのでしょうか。そしていちばん大事なこととして、このような知らない間の移動や変貌が私たちにどんな影響を及ぼすのでしょうか。

　マクルーハンは、ビジュアル・スペースとアコースティック・スペースの違いについて言及しています。これは「視覚」「聴覚」を連想させますが、必ずしも見たり聞いたりすることにのみ関係するわけではありません。ビジュアル・スペースは、直線的で境界線が存在します。そこには秩序と連続性がありますが、実際は私たちが頭の中で分類化・細分化してしまいます。

マーク・フェダーマン
(Mark Federman)

マクルーハンプログラム・チーフストラテジスト、トロント大学助教授。25年間にわたるハイテク産業における経営やコンサルティングを経て、2年前にアカデミック界に復帰。トロント大学で助教授を務める傍ら、同大のマクルーハン・プログラムにおいて研究コーディネートやコンサルティングを行う。変貌しつづける現代の抱える複雑な問題を、マクルーハンの思考法に則って新たな角度から戦略的アプローチをする方法を提唱。著書に*MacLuhan for Managers : New Tools For Thinking*（共著）など。

それに比べて、アコースティック・スペースは「共鳴する球体」だと言っています。中心がどこにでもあり、境界線はまったくない、さまざまな関係が同時に起こり得るような世界です。つまり、アコースティック・スペースではどこでも「ここ」で、いつでも「いま」なのです。インターネットは、いまここにつねにある関係が同時に起こり得る世界というわけです。

アコースティック・スペースは、日本の「間」の概念に似ていると思います。「間」は、「二つの連続する出来事の間に生ずる空間と時間のインターバル」と理解しています。未来と過去を分断するものではなく、多面的な時間の経験であって、空間を満たすと同時に、そのスペースに意味、背景、文脈を与えるものです。その意味で「間」は、「いま」「ここ」における経験と通じるものがあるように思います。空間といっても空虚ではなく、ダイナミズムがあって発展可能という点で、「間」はインターネットの体験を表していると思います。

さらに、ビジュアル・スペースは、目を閉じれば何も見えなくなるように、遮断が可能だとマクルーハンは言っています。しかし、目には瞼がありますが、耳蓋というのはない。よって、アコースティック・スペースは遮断することはできません。私たちを取り巻く空間や関係は遮断できないので、インターネットの使用を拒否することはできても、インターネットが文化や社会に及ぼす影響を退けることはできないということになります。

インターネットと大衆文化

さて、大衆文化の中にはインターネットをうまく利用しているものがあります。一九九九年に製作された『ブレア・ウイッチ・プロジェクト』という映画を例にあげたいと思います。ブレアという村で起こった魔女狩りの話を記録映画にしようとしていた映画人が行方不明になってしまった。死体は発見されなかったが、代わりにカメラが発見されたので、その中のフィルムを使って作った映画という想定になっています。製作費四万ドルの映画を配給会社が一一〇万ドルで買い上げて世界中で放映し、なんと一億四千万ドルの売上げをあげました。インターネットで一ヶ月に渡る大々的な宣伝活動を行なったからです。今日、映画ファンの楽しみというのは、映画を観るばかりでなく、さまざまな関連ウェブサイトを見ることも含まれます。映画を観た後は、ビデオ・ゲームを買ってきてオンラインでゲームを楽しむこともできます。こういった進歩が続くと次の段階では、映画館で映画を観ながら、同時に各自の席で世界中の同じ映画を見ている人たちと、オンラインでウェブ・ゲームを楽しむことができるようになるでしょう。

このオンラインの世界と現実の世界が邂逅した例をご紹介します。アメリカにトレント・ロットという有力な上院議員がいましたが、人種差別的な発言をしたということで辞任に追い込まれました。メディアは、議員の問題発言をニュースにすることを差し控えたのですが、新しいタイプのメディアがこれを報道してしまいました。ウェブログという、簡単に個人・団体が情報をウェブ上で更新することのできるメディアです。一九九八年に始まって翌年から爆発的に広まり、いまもどんどん広まっていっています。「ブロッガー」と呼ばれるウェブログのジャーナリストたちは、さまざまなウェブを見て回り、面白いネタはないかと鵜の目鷹の目で探します。そして、何かあると自分の意見をつけてウェブ上で流すわけです。面白い記事は、ウェブログ・ジャーナリストの手を離れて普通のメディアにも取り上げられるようになります。それがロット上院議員の場合にも起こったのです。ウェブログをしている何千人という人たちの間で話題になったため、普通のメディアもこの論争に蓋をすることができなくなり、上院議員は退陣を迫られました。現実世界の私たちは、もはやサイバースペースを無視できないという象徴です。

サイバースペース上の「私」

さて、サイバースペースにおける私たちのアイデンティティとは何かということを少し考えてみたいと思います。私たちのアイデンティティは、生身の人間としてのアイデンティティ以外に、役所や銀行などの組織や会社のデータベースにいわば化身として入っています。銀行やその他の組織にとっては、データベースに入っている私の情報の方が生身の私より「本物」なので、それは私ですという時にはこちらから何かを提示して証明しなくてはなりません。このデジタル・アイデンティティを私は「デジセルフ（digi-self）」と呼んでいます。デジセルフはたくさんのデータベースに入り込んでおり、しかもそれぞれが違う性格を持ち、それぞれ違う行動を取っています。デジセルフを悪用して誰かが私を名乗ってウェブ上で買物をしたとします。私にとっては、お金を損したことも嫌ですが、自分のアイデンティティが剽窃されたことの方が不愉快です。デジセルフはあまりに「本物」なので、私たちの現実世界に大きく影響を与えてきます。

チャット、ウェブページへの記入、ウェブログといったデジタル・メディアを使用するたびに、無数のデジセルフが生み出されていきます。私という一人の人間がいつのまにか細分化され、そこから生まれたデジセルフが、それぞれ勝手に生きたいように生き始めます。私たちは日常の物理的・肉体的な時間と空間から切り離され、デジセルフとしてインターネット内で生きることになります。私たちの意識も感覚中枢から離れて電子的な神経系に入り込み、肉体とアイデンティティが分離するという不思議な体験をもたらすわけです。

私は先ほど、いまに映画館に行って映画を見るだけではなく、ゲームをするようになるだろうと言いました。デジセルフがまさにレクリエーションの場としてそういう場に行くだろうということです。いまの劇場がさらに成長して、もちろんいまの映画でも聴衆はいつのまにか製作者が作った別の世界の中に埋没するわけですが、それだけでなく、私たちの身体を離れたところでデジセルフが現実に非常に近い、しかし本当の経験ではない経験をすることができるということです。

生身の私とデジセルフとの乖離――これには悲劇もつきまといます。たとえば、昨年、二十四歳の男性が韓国で突然亡くなりました。彼はオンラインのゲームを八六時間不眠不休で、飲まず食わずでやって急逝したそうです。その直後に今度は台湾の二十七歳の男性が、三二時間オンライン・マラソンをやって亡くなりました。コンピュータ中毒のことさ、と笑って片づけるにはあまりに深刻なことです。ギリシャ神話にナルキッソスの話がありますが、マクルーハンは私たちが別の媒体に没入することによって起こる悲劇について言及しています。著書『アンダースタンディング・メディア』の中で、「人間は自分以外のものに自身を延伸することに魅惑されるだろう」と言っています。

生身の私とデジセルフ

この魅惑の実証はたくさんあります。デジセルフとの同化が非常に強力に行なわれるので、デジセルフを通じて私たちは化身や権化になったように感じられます。また自分自身ばかりではなく、サイバースペースで他人の化身や権化に出会うのも楽しい経験です。そして、オンラインで出会った二人のデジセルフが感情を抱いて親しくなるということもあります。もしかしたらサイバーセックスという非常に親密な関係さえ生まれるかもしれない。そんなことはないという方でも、とにかくこの種の活動が非常に魅力的で、現実の私たちの生活をめちゃくちゃにするくらい大きな力を持ち得るということ、そしていまにデジセルフが生身の私たちを乗っ取るくらいの力を持ってくるのではないかということは言えると思います。

このようにデジセルフの数がどんどん増えていくという可能性を念頭において、デジタルと現実の世界との関係についてよく考えていく必要があります。たとえば、デジセルフの所有者は誰なのか。デジセルフを政府や役所、銀行が修正することが許されるのか、その場合、生身の私はそれを止めさせる権利があるのか。デジセルフの著作権は誰が所有するのか。また、著作権料で儲けるのはデジセルフなのか私なのか。ブラウザ、ワープロ、電子メールといったソフトウェアには、すでにトラッキング・システムが埋め込まれています。

こうした技術は、プライバシーの権利、不法な検索、匿名での言論の自由を取り除くには効率的なメカニズムです。すでにアメリカ、カナダ、オーストラリアなどでは、監視機関がこのメカニズムを使って私たちを監視しています。政府や企業は、個人情報を調査したり操作する誘惑に打ち勝てるでしょうか。私たちの身体は人身保護法令で守られていますが、デジセルフにその法令が当てはまるでしょうか。

インターネットを文化的に考察する際、情報のデジタル化よりも、私たち人間のデジタル化について考えなくてはいけません。西洋文明は、数世紀にわたって個人の心理的自由を根幹に進歩してきました。その結晶がさまざまな文化財です。デジセルフのパラドクスは、これからの地球社会に新しい多大な挑戦を提示しています。

司会　たいへん有益なお話をありがとうございました。インターネットがどういうものかから始まり、最後にデジセルフということまでお話いただきました。デジセルフという言葉は、フェダーマンさん発案の言葉といってよろしいのでしょうか。

フェダーマン　そうですね。私が使い始めました。

インターネットのパラドキシカルな性格

司会　少しまとめてみます。インターネットはどのような世界だろう。どこにもあるけれど、どこにもないような場所、これがインターネットである。そんな存在のカルチャーがあり得るのだろうか、という問いから始まりました。インターネットは、グローバル化すると同時にグローバル化を奪い、個人化もするし、個人化も奪う、本当にパラドキシカルな性格をもっている。われわれは、非常にわかりにくい存在から逃げ出せないでいて、しかもインターネットは日々成長している。そういうインターネットの中で文化をどう考えたらよいのか、というのが冒頭のお話でした。

先ほどフロドンさんが映画とテレビが根本的にまったく違う性格をもっているとおっしゃったのと非常に似ていると思いますが、インターネットとテレビは一見似ているけれども実は根本的な違いがあるというお話がありました。マクルーハンの言葉を借りますと、外に向かって爆発するのがテレビだとすると、内に向かって爆発するのがインターネットであると区別されていたようです。そして、目は閉じることができるが、耳には蓋がないので閉じることができないということで、インターネットの世界もまた閉じることができない。そのインターネット的なウェブ状況は、劇場をどんどん変えていくだろう。劇場の中にウェブやインタラクティブなものが入ってくる。すでにわれわれはインターネットで映画の情報を得たりして、映画を含む状況が変わっているということでした。この話については、後ほどフロドンさんから反論を期待しましょう。

フェダーマンさんの一番のポイントは、デジセルフすなわちデジタルなセルフという観点で、このペルソナ（仮面）がインターネットの中では増殖してもっと極端なかたちをとっていくだろう。「私」は何かといったときに、普通われわれは服の中にいるこの身体を私だと思っていますが、インターネットの中で私の情報や行動が蓄積されて、それがどんどん大きくなっていった場合、社会的に見れば「私」はその総体かもしれない。しかもデジセルフは一つではなく、さまざまなスペクトやデジセルブズなのです。私とは何か、という問いに深まらざるを得ないわけです。

素晴らしいお話だったと思いますが、私が気になった点は、インターネットとテレビは根本的にまったく違うとおっしゃいましたが、テレビも現在ではデジタル・テレビが始まっていて、それはある種の双方向性や個人性を持っていたり、私が何かを頼むと私のテレビの中にメールが届いたりします。そのような暗号技術を使いながらテレビの方も変化している中で、截然とインターネットとテレビが、エクスクルーシブとインクルーシブだというふうに固定したままでいけるのかという疑問が残ります。

また、日本の「間」の概念がインターネットの体験に似ているとおっしゃっていますが、それはちょっとどうかな、と思います。さらに、サイバースペースと現実のスペース、コンピュータ上の空間とリアルワールドというように、われわれの身体的な物理空間をくっきり分けて、そこでの相互関係という前提で議論を進められましたが、サイバースペースとリアルワールドの区別が今後どれくらい有効か、つまりリアルワールドといったときに、すでにさまざまなサイバースペースも含んでいるのではないかと考えられます。単に二つをくっきり分けて、どちらからかの影響関係というよりは、むしろ分けられないほどにバーチャルスペースもリアルワールドと呼んでいいのではないでしょうか。

マクルーハンで読み解くデジタル・メディア

ジャーナリスト　服部　桂

司会　これらの議論はこの後にいたしましょう。マクルーハンのことはかつて日本でも紹介されましたが、一時のブームで終わってしまいました。その後八〇年代の中頃から、コンピュータや電子メディアが登場することによって、かつてマクルーハンが言っていた言葉がさまざまな意味を持ち始めているわけです。グローバル・ヴィレッジという言葉は現在では普通に使われれますが、これは彼の言葉ですね。このあたりの問題から、服部さんにお話しいただきたいと思います。

服部さんは、朝日新聞のジャーナリストですが、ＭＩＴ（マサチューセッツ工科大学）のメディアラボに研究員として行っておられ、さまざまな本をお書きになっています。また、『DOORS』の副編集長、『ASAHIパソコン』の編集委員や『ぱそ』の編集長を歴任されました。現代のテクノロジーの最先端の動きをいちばんご存知の方です。服部さんに最先端のメディア状況とマクルーハンの問題についてお話を伺えたらと思います。

「だれが水を発見したのか」

現在、朝日新聞で科学医療という部で、サイエンスとテクノロジーの分野を取材しています。私は、マクルーハンの理論について、おこがましくも本を書いていますが、それはメディア業界で働く人間として、自分がどこで何のために働いているかということを理解したいがためでもあります。メディア全般の中で新聞がどういう意味を持っているのか、どういうビジネスなのか、ということに興味があり、そういう意味において、メディアを論じるという立場です。

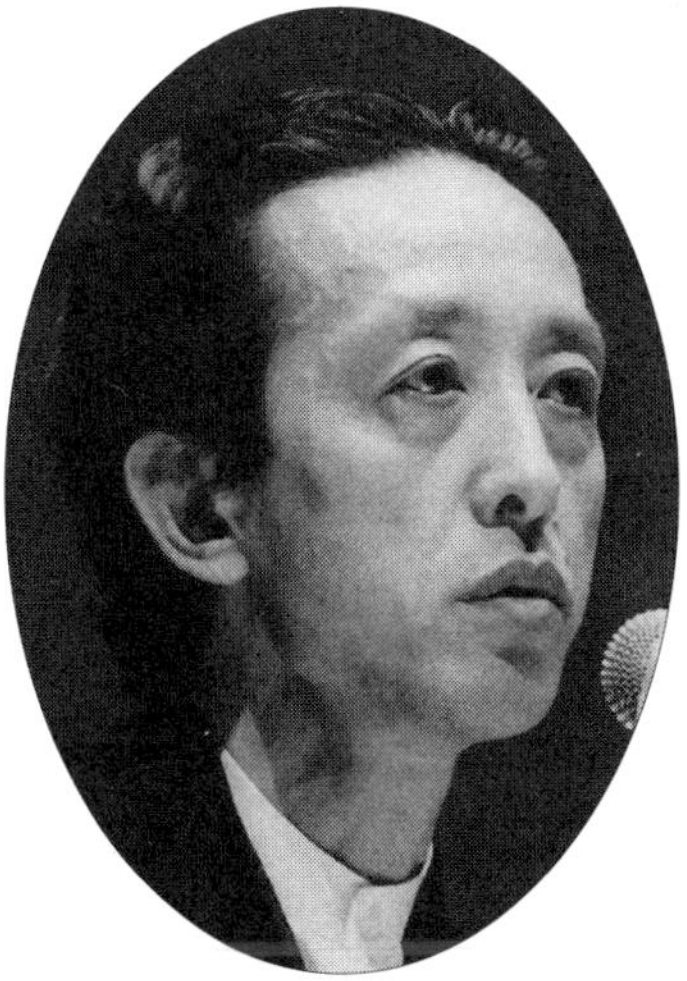

服部 桂（はっとり・かつら）

ジャーナリスト、朝日新聞・編集局科学医療部。1951年生まれ。1978年早稲田大学理工学部電子工学課程修了後、朝日新聞社入社。1987-89年ＭＩＴメディアラボ研究員として米国メディア産業の調査をおこなう。その後、科学部記者を経て、『ASAHI パソコン』副編集長、『DOORS』編集部、『ぱそ』編集長を歴任。最先端テクノロジーやメディア全般の動向を広く取材。著書に『人工現実感の世界』、『人工生命の世界』、『メディアの予言者』、訳書に『デジタル・マクルーハン』など。

私はこのセッションの役割は、マクルーハネスクに、マクルーハンが論じたメディア理論のフレームワークを、まさに現代の状況、混迷する時代を読み解くのにどう当てはめられるかという一つの試みと理解しています。マクルーハンは「メディアはメッセージである」を始めとして、先ほどご紹介されたグローバル・ヴィレッジ、ホットとクールなど、いろいろな言葉を使って理論を構築しましたが、それらの言葉について、因果性を細かく説明はしませんでした。しかし、いまの時代を「グローバル・ヴィレッジ」と形容されたら、人はなぜ世界規模の村などという一見矛盾した世界観が成立するのかを考えます。そのメディアは「クール」で、このメディアは「ホット」と言われることによって、メディアを新しい座標軸で並べることができるのはなぜか。こうして人が疑問を持つことによって現代を理解する一つの方法、彼はそれを「探求する(explore)」という言葉で表しました。そしてさまざまな疑問符を残したまま一九八〇年に亡くなりました。彼が活躍していた時代は、一九六〇年代のまさにテレビ全盛期でした。当時は、現代においてインターネットが世界を席巻しているように、それまでのラジオや映画などに親しんでいた世界に対してテレビというわけのわからないメディアが出てきたのです。それに対して、彼はそれをどう理解するべきかという理論を展開した人であったことは、皆さんもご存知だと思います。

マクルーハンが正しかったかどうかということを論じるのではなく、どちらかというと多くの社会現象を引き起こす要因はメディアにあるのではないか、という疑問を論じることは、このセッションの一つのキーではないかと思います。たとえばわけのわからない現象が世の中でたくさん起きますが、われわれは見える現象に捕らわれている。マクルーハンは、景気が悪いのは不良債権などが問題なのではなく、社会の根本的なルールや人間の世の中に対するシステムの根源的なところが変化しているのではないか、アルカイダのような小さな組織がアメリカを打ち負かすようなテロを行なったり、コロンビア事故などの不測のハプニングが起こる原因をメディアに求めたのです。彼が好きだった言葉に「誰が水を発見したのかはわからないが、それは魚ではないだろう」というものがあります。魚は水の中にいますから、水の中に住んでいるという意識はない。ところが、水の中から出るような事態が起きてはじめて、水の中にいたのだとわかる。彼は水のような状況、つまり自分が住んでいる、見えない環境、われわれが普段当たり前に接しているような環境というものを暴き出さない限り、いま起こっているわけのわからない状況を理解できない。そしてその環境を作っているのがメディアだと考えたのです。

フロイトが、二十世紀の初頭に「セックス」という言葉で人間の本質を説明したように、マクルーハンは「テレビ」で人間のリアリティを何でも説明したと批判されました。ドーキンスの利己的遺伝子のように、メディアがわれわれのリアリティを乗っ取ってしまうという、非常に論議を呼ぶものの見方と受け取られたのです。今年はワトソンとクリックがＤＮＡの構造を発見して五〇年です。世の中の最も極小の根源的なルールを発見することによって、人間の医療は改善され、クローン人間ができるまでの結果を生むことになりました。そして、原子というものが発見され、原子爆弾ができ、最も小さなスケールの発見やルールの変化が最も大きな変化を引き起こすことが実証されました。こうしたパラダイムの転換の時代であったのが二十世紀であり、メディアもこれと同じ文脈で論じることができます。

彼はわれわれ同士のリアリティを介在するメディアが変わることによって、すべてのルールが変わってくると論じました。つまり、その上にのるものはすべて変わってくると言ったわけです。よくマクルーハンを論じる人たちが言うように、ゲシュタルト心理学で言われる、図（イメージ）と地（グラウンド）を区別する必要があるでしょう。メディアは絵を見たとき、後ろにある背景であり、絵に何が書かれているかではなく、グラウンドにあたるものも論じるべきなのです。つまり、どういうキャンバスに描かれているのかによって、その絵が持っている性質が非常に違ってくる。われわれに見えているのはつねに絵の方で、最初にキャンバスは意識していても、それに慣れ親しんでしまうことによってその背景が見えなくなる。その背景のルールが見えないままに起きる現象だけに目をつけていると、その背景が変わった時に、理解できない状況が生じることになると警告を発したわけです。いまわれわれが生きている時代は、戦後にテレビという背景によって形作られ、それがインターネットといわれる双方向でデジタルなメディアという変化に直面している。しかし、まだ誰も全体を捉えることができません。

意識せずに前提されているもの

まったく新しいメディアが引き起こす現象は、マクルーハンがよくホワイトヘッドを引用して言ったように「新しいルールはそれまでのルールを完膚なきまでに壊してしまう」ということです。それは非常に大きな変化で、ときには暴力的である。今世の中で起きている戦争やテロというものは、マクルーハン的に解釈すると、あるアイデンティティの喪失を巡る戦いとも言えます。つまりイスラムであろうが、資本主義であろうが、自分たちが何処にいる誰であるかわからない、それをどのようにして世界とつなげていくかという見方の喪失が、さまざまなヴァイオレンスや家庭内暴力などのかたちで、グローバルなスケールでも家庭や個人のミクロなスケールでも起きています。昨日のセッションの中で、「内面の崩壊」ということが話題になりました。いままでは、国が滅びる、会社が潰れるというような、社会面で事件になるようなことが話題になっていましたが、それがとてつもなく大きなスケールととてつもなく小さなスケールで同時に起こるという現象が生じている。デジタル化やIT化のせいでこのようなことが起きるとしたら、それにどう対処していけばいいのでしょう。基本的にわれわれが求められているのは、メディア論的に論じるだけでなく、こういう状況がなぜ生じるのかということを理解することなのです。まさにマクルーハンが言ったように、「メディアの理解」ということが求められる時代なのです。われわれが置かれている基本となっているもの、われわれが前提としている意識しないもの。それをどのように理解するかという方法論がいままさに求められているわけです。ところが、われわれが魚だとしたら水がわからないし、魚から他のものになるわけにいかないので、そういう矛盾は意識にのぼりません。

しかし、そういうことを理解する方法はないわけではありません。たとえば、いまテレビというものがインターネットの一部になりつつあります。フロドンさんは先ほどテレビというものが映画とは違うメディアだとおっしゃいましたが、現在ではテレビも映画も一緒くたにインターネット上で楽しむこともでき、またいままでは一方的に与えられていた映像に対し自分からインタラクションしたり、それを変えることもできるという非常に大きな変化が起きています。少し脱線すると、映画好きのフロドンさんが持っている危機感は、私が所属している印刷メディアの中でも同じで、本が新聞の出現によって抱いたのと同じような危機感なのではないでしょうか。本は活字によって作られ、ページが固定し誰でもが情報を共有できる映画のような存在でした。そこに電信や電話が発明され、それらによって毎日起こったことがごちゃごちゃ入ってきて、世界中から集められた「現在」を示す情報がモザイクのように並べられて新聞ができました。これは映画とテレビの関係に非常に似ています。つまり、他のメディアの変化からアナロジカルに現在を理解できるかもしれません。マクルーハン自身もまさにテレビとは何であるかということを突然天からの啓示で発見したわけではなく、これまでのメディアの変革が、文化とか世の中をどう変え、認識をどう変えたかを歴史的に辿ってきたわけです。そうすると、黒崎さんから紹介されたように、グーテンベルクが活字というかたちで書き言葉を規格化して、本という同じかたちでどこにでも大量に流通できるようにしたというメディアの変化には、大きな意味があることに気づいたのです。手書きの本から活字になることは、デジタル化で「0と1」によって世界中の人が同じ文章を読めるようになったのと同じインパクトを持っていたのです。それがカトリックを攻撃し、プロテスタントを出現させ、中世を終わらせるという大きな変化の要因にもなったのです。基本的なルールが変わることによって、すべてが変わったのです。活字の文化は電子メディアの出現によって大きく衰退しましたが、その中でもテレビの出現は大変な影響を与えました。つまり二十世紀に入り、キュビズム、相対性理論によって、活字的な見方ではなく、一つの視点から世界を俯瞰するのではなく、相対的なものの見方とか複数の視点から何かを見るという世界観の変化があったのです。

メディアが基本的なルールを変える

歴史を遡ってみますと、一八三〇年代に電信というものが発明された時、人々は大きなショックを受けたといわれています。つまり、空間と時間の消滅です。それまで、世の中というのは、手紙やニューズレターで一週間や一ヶ月前の話を知ったのですが、電信は地球の裏側でいま起きていることをいま伝えることで、人々の世界に対する見方を大きく変えました。電信を知らない世代に生まれた人たちは、自分の村のことしか知らなかったはずで、世の中はもっと広いと考えていました。ところがいまはインターネットなどにより、知る必要のない地球の裏側のニュースが飛び込んできます。すると「ひょっとしたら、このオンライン・ショッピングでこれを買ったらもっと自分が幸せになれるのでは」とか「新しい知識が得られるのではないか」と自分の未来に対するきっかけが生まれます。ひいては、人生におけるチャンスも変わってくるかもしれません。そのような大きな変化というのは、メディアが変わるごとにあったといえます。

いまわれわれは混迷の時代にどう対応してよいかわからないが、なぜか非常に大きな変化が起きていることだけは理解しています。他の時代にメディアの変化が起きたときにも人々は同じような迷い、苦しみ、驚きを感じていたと言えないでしょうか。人間とメディアがある以上、つねに変わらないもの、そしてデジタルであるからこそという、いまの時代に特有な変化という両方について理解する必要があると思います。マクルーハンは大きな歴史的なフェーズとして、まず声、そして文字ができる前の文化から文字というものによって聴覚が視覚化され、さらにはそれが活字によってマスプロ化され、その後テレビを中心とした電子メディアにより統一され、活字文化が崩壊していくのではないかという見方を示したわけです。その時のインパクトは、現在ではさらに大きく根源的なスケールでわれわれに迫っていると考えてもいいのではないでしょうか。

現代のデジタル時代は、メディアと人間の距離や人間の生き方について根源的な問いを投げかけています。先ほどのフェダーマンさんの話の中で「アイデンティティ」という話が出ましたが、メディアが変わることによって自分は本当は何だったのかということを考えることにもなりますし、また自分のアイデンティティが世界中にバーチャルに撒かれて、それが自分自身に襲い掛かってくるということも起きます。ものごとには表と裏があるように、世界中と話ができるというメリットを得る一方で、同時に世界中から攻撃されるというネガティブな現象も起こるのです。たとえばインターネットの中ではウイルスが一つばら撒かれることによって、世界中の機能を麻痺させてしまうという非常にパラドキシカルな現象が起きるわけです。アイデンティティとか自分の生き方とか、少し大げさですが、自分の人生に対する考え方の基本的なルールに当たるものが大きく揺れています。つまり、基本的な方法論を変えるメディアが変わったことによって、ルールが変わってきているという見方です。それだけではないという意見が当然出てくると思いますが、同じような論議はいろいろなところでされています。

アメリカの歴史学者スティーブン・カーンが『時間の文化史』（法政大学出版局、一九九三年）という本で、十九世紀から起きたメディアの変化を論じています。電信ができることによって世界中が瞬時につながり、映画が発明されることによって複数の視点をみんなが共有し、それによってキュビズムが生まれ、無線によって世界が同時的につながれ、X線の発明によってそれまで外からしか見ることのできなかったものを内側から見る視点を獲得した。今年は奇しくもライト兄弟が動力飛行をして百周年ですが、それによって多くの人々が二次元の世界観ではなく三次元で世界を見る視点を獲得しました。人々の空間と時間に対する認識が新しいメディアによって大きく変わることによって、第一次世界大戦が起きたとカーンは極論しています。つまりメディアによって、多くの人たちの空間とか時間に対する考え方が変わり、価値観の変化と従来のシステムの間に歪みが生じ、オーストリア帝国の古い体制とメディアの変化が軋みを起こすことによってそれが破局をもたらしたという見方を示しています。そのアナロジーをいまの状況に簡単に当てはめることはできないと思いますが、まさにわれわれが住んでいる水としてのメディアが変わってきている。その結果として、テロもアイデンティティも生命も世界観もすべてが変化してきているという一つの仮定を、マクルーハン的に提出することによって、他のパネリストの方に批判していただければと思います。

発想を逆転させるメディア論

司会　非常にわかりやすくお話しいただいて、ありがとうございます。議論はメディア論についてです。メディアといってもいろいろな使い方があります。たとえば報道機関という意味もあります。メディアとは媒介という意味ですから、いろいろな次元で使われていて、ここでいうとテレビ、ラジオ、新聞などをメディアと呼んでいる。そしていまの服部さんの発言を要約するとこうなる。普通、「人生」とか「生きる」とかが問題になる場合、「人間いかに生きるべきか」ということは文学や哲学などが考えるものであり、道具やテクノロジーは人間の外にあるものだというのが普通の見方です。道具は道具に過ぎないというのが従来の発想ですが、メディア論というのはそこが逆転していて、テクノロジーがどういう道具なりメディアをわれわれに供給しているかということが、実はわれわれの生き方そのものを規定しているという主張になっています。発想の逆転があるわけです。

現在、根本的なところで、よくわからないことが起きています。テロ、家庭崩壊、さまざまなことが起きていて、それをどのように考えていけばいいのか。どうも根本的なところの枠組みそのものが変化しているようで、このことに見えざるところで大きな影響を与えているのが実はメディアの変化ではないか。これがいまの服部さんのお話だったと思います。

最も象徴的なのは、「水を発見したのはだれか。それは少なくとも魚ではない」という言葉です。これは非常にいい話で、魚は水がなければ生きていけないので、魚は水をなかなか対象化できないわけですね。それと同じように、テレビが出てきてはじめて書物はこうだったのだと、インターネットが出てくることによってテレビはこうだったのかというように、そのメディアが変化する端境期にはじめてわれわれは「書物ってこうだったんだ」と気づくことができる。端境期のずれの中で、われわれを取り囲んでいるものの変化がわかる。電話の登場によって人間の距離感が変化しましたが、いまは思い立ったときに携帯電話にかければすぐ相手がでる。いままでは「家に帰っているかな」と電話をかけて、「ああ、まだ帰っていない」というのが普通の対人関係だったのが、いまは用を思い出したときに「ピッ」

とボタンを押せば、相手が「なに」と出てくるわけです。それは昔の人から見ればテレパシーに近いわけですが、それが当たり前の世界になっている。その中でわれわれの世界観も当然変わっていくだろうということです。

もちろん、この立場に対しては根源的な批判があります。ではメディアが社会を変えるのか、メディアが個人を変えるのか、と。グーテンベルクのテクノロジーと言っても、ワインの葡萄搾り機に毛が生えたようなものなのですが、それが社会を変えたというよりは、社会の側に潜在的な要請があったからそういうテクノロジーが出てきたのであって、グーテンベルク・テクノロジーが社会を変えたというのは言い過ぎではないか。むしろ社会の方がそういう状況になっていて、そこにたまたまあったものを使ったのではないか。メインであるのは社会や個人であってテクノロジーではないという意見も当然あります。技術決定論、社会決定論とお互いを批判し合いながら、議論が延々と続くわけです。

イメージ言語の時代

デザイン評論家　柏木　博

司会　そういう問題もありますが、パネリストに柏木さんがいらっしゃいますので、二十世紀のメディアの状況、とくに物質性、ビジュアル、あるいは言語の変化についてお話しいただけたらと思います。柏木さんはテレビでよくお見かけしますが、デザイン評論家として独自の立場から現代を見ている方ですので、このメディアの問題について面白いお話をしていただけると思います。柏木さん、お願いします。

物質の時代としての二十世紀

たぶんデジタル・メディアが出現してきてそのようなことになったのだと思いますが、文字や音声言語が極めて重視されていた近代あるいは二十世紀が、デジタル・メディアが出現してくることによって、それ以外の言葉、たとえばイメージ（図像）やモノがもう一度認識されるようになったのではないかという気がします。

先ほど映画のお話がありましたが、映画、テレビ、インターネットの図像というものがあります。こうしたイメージやモノが溢れているにもかかわらず、二十世紀というのはそれを意外と軽視してきたのではないかと思います。二十世紀はどういう時代だったかと問われると、いろいろな言い方がありますが、少なくとも物質の時代だった。膨大にモノが溢れていった時代、また、モノの確実性が信じられた時代だったと思います。ヨーロッパでも、たぶん神よりもモノの確実性の方が信頼がおけるというふうに変わっていきました。それくらいモノが確固とした存在として受け入れられていったのです。二十世紀がどういう時代だったかということをサンプリングしようとすると、もちろん文字通りの言葉でサンプリングすることもできますが、モノによってサンプリングして見せることができます。

だから二十世紀は大聖堂の建造ではなく、モノを陳列する博物館の建築の方が好まれ、力が注がれていったと考えることができます。一方、私たちは膨大な数のモノを記憶して生活に使っています。私たちの産業社会でどのくらい日常的にモノと接しているかというと、二万点くらいあるのです。この二万点を自然に記憶していくわけですから、まったくそれを知らない未開社会からやってきてその二万点を覚えるというのはなかなか大変なのではないかと思います。このモノは、私たちにとって言葉と同じように、世界に関わっていく根源的なメディアだと言えます。たとえば、映画に登場する衣服や車のデザインを見ると、大体これくらいの時代で、状況はこういう状況だなということがそこから読み取れます。モノが言葉と同様にいろいろな意味を孕んでいるわけです。しかし、そういう性質を持っているにもかかわらず、二十世紀の間、モノは言語としての扱いはされず、まったく打ち捨てられていたと言っていいと思います。

文字を特権化した時代

同時に二十世紀というのは、イメージの時代だったともいえます。私たちは日頃膨大な量のイメージを消費しています。図像も私たちの世界を映し出し、あるいは世界を構成する要素です。そういう意味ではイメージも一つの言葉ですが、言語としての扱いはさほど重要視されてきませんでした。変なエピソードですが、コソ泥が捕まって、供述調書を取ろうとしたら、しどろもどろでうまく喋れない。説明してみろと言ったら、コソ泥がイラストレーションを書き始めたのです。これが実にうまいのですね。「ここの窓がこうなっていて……」というように図像で書いていくのです。ところが、これは法的な言語にならないので供述調書としては成立しない。これは私たちの社会が法的言語としてはイメージを扱っていないという非常に特殊な社会、つまり近代というのはそういう時代だったということ

柏木 博（かしわぎ・ひろし）

武蔵野美術大学造形学部美学美術史学科教授、デザイン評論家。1946年、神戸生まれ。武蔵野美術大学卒業。デザイン史専攻。東京造形大学教授を経て現職に。視覚的なデザインや空間のデザインを通して、近代の思考や感覚を読み解く作業を続けている。インダストリアル・デザインから都市・テクノロジー批評など幅広く論じる。主な著書に『近代日本の産業デザイン思想』、『デザインの二十世紀』、『芸術の複製時代』など。

を示しています。

このようにモノやイメージが自然言語や文字言語よりも軽視されてきた理由は、正確なコミュニケーションができないからだという意見があります。つまり交換がうまくいかない。そのように考えること自体、私たちが言語の機能をコミュニケーションに特化しているのではないか、また、特定のコミュニケーションだけを重視してきたのではないかということを教えてくれます。言葉というのはコミュニケーションのためのみに存在していたわけではないので、そこをもう一度考え直す必要があります。悟性的あるいは理性的な言語によるコミュニケーションを行なって合意形成をしていく、これがコミュニケーションの最終的な目的であると語られてきました。しかし、よくよく考えてみると、自然言語にしても文字言語にしても、実際に社会をきちんと構造化することはできない。メディア論のノルベルト・ボルツが言っているように、合意が達成するということは合意を断念することでしか達成されないということです。私たちはコミュニケーションをしていると思っているのですが、これは合意を作ろうとしているのではなく、他人の言葉を引き受けていく、つまりコミュニケーションをしているということを理解していればいいのではないかということになるのです。

こういった理性的・悟性的なコミュニケーションのあり方が特化されたことは、活字文化の静的な知のあり方と関係しているのではないかと思います。美術史家のバーバラ・スタフォードは、十七世紀の宗教闘争において北方のプロテスタントが人を惑わせるようなイコンを壊していき、文字の方に力点を置いていったのだと言っています。たしかにルターは「聖書というのは活字でよい、手書きでなくてよい」と言ったということは、今日的な言い方で言えばニューメディア派だったわけです。しかし、活字を使った聖書は完全に文字だけに特化していくので、活字によるテキストを読むことでしか神にアクセスできないというかたちを取ってしまった。つまり、文字を読むためだけの知覚を特権化したということです。ある意味では、旧教会派の方はイメージの豊かな意味合いというものをまだ守っていたということです。近代というのはこの延長線上にありますから、文字を特権化するような文化だったわけで、そこからもう一度いまデジタル化が進む中で、ひょっとすると文字だけではなくて図像あるいはモノといった言葉に向けられていくのではないかと私は感じています。ともあれ、イメージというのは近代において非常に不評で、文化の中心に置かれることはありませんでした。モノやイメージが持っている言葉に似たの力の存在は理解していても、とりわけ知識人の間ではモノやイメージはワンランク下のものだと考えられてきました。あるいは先ほど申し上げたように、国家を成立させているような法的な言葉はモノやイメージではありません。しかしその一方で二十世紀は、それまでの時代には考えられないほど豊かに図像に溢れた時代でした。

アメリカの世界化

話題を変えますが、二十世紀のアメリカ文化は、日本だけでなく世界中の産業社会にモノとイメージを通して入り込んでいきました。アメリカ化がグローバル化だ、とイコールで結ぶことはできませんが、アメリカはモノとイメージを意図的にばらまくことで世界化したのだと考えられます。アメリカで使われている言語を了解しなくても、映画やテレビを通してアメリカのイメージを世界中に持ち運んだことの結果だと思います。よく知られているように、第二次世界大戦中、アメリカ兵は装具一式にアメリカ的な表象を入れてそれを戦場に撒き散らしました。戦後もリバティシップといわれる大量生産で作られる量産型の輸送船を使ってさまざまなことをおこないます。たとえば、一九四六―四八年に、日本で二万世帯分の家電製品や家具を、アメリカの出資によってアメリカのデザインで、まず駐留軍家族向けに作らせました。これがさらに日本に提供され、アメリカのイメージが広がっていきました。自然言語や文字言語よりも広がりが強かったと言っていいと思います。

話を戻しますと、十八世紀半ばに北ヨーロッパで視覚的なものから市場中心的な印刷文化に転換しましたが、現在のデジタル化においては、文字テキストからイメージやモノに方向が反転してきたような気がします。これまで膨大なイメージが溢れていたにもかかわらず、イメージという言葉の世界を正当に吟味することを回避してきたのではないでしょうか。それがデジタル・メディアの出現によって、にわかにモノや写真に始まる近代的で視覚的なイメージを再検討しようという動きが出てきています。新しいメディアに対して、写真なら写真という古いメディアの持つ意味を考え直そうということです。過去のメディアとしての写真は、銀がついているので物質と捉えられていますが、物質的な世界を銀の粒子、つまりドットに置き換えました。このことは、世界をドットに変換していくデジタルメディアの登場によってはじめて気づかれました。フルッサーがこのことを的確に述べています。物質的な世界は、すべて写真が出てきた時から極めて非物質的な粒子の中に溶け込んでいく。二十世紀は物質の時代であったと言いながら、物質性を揺るがせていった、物質的根拠を次第次第に自ら失わせていった時代だと言えます。あらゆる世界を、ドットや粒子あるいは数字に変換して再構成してしまうような事態が起こってきています。そうすると文字も図像も全部デジタルな信号に溶け込んでいく。文字の特権化が終わっていく中で、むしろイメージとは何だったのかと議論される時代に入ってきていると感じます。

言葉の特権性とイメージ

司会　イメージという言葉は、「イメージ先行」だとか「イメージだけでものを語るな」とか、ネガティブに使われることが多いわけです。柏木さんの分析によれば、文字言語は理性的・悟性的で、ある種正確なコミュニケーションを可能にするものだが、それに対してイメージという手段では正確なコミュニケーションがうまくいかない、というわけで近代においては不評だった。言葉とイメージとモノを並べてみると、モノとイメージは近代において不評で、言葉だけが飛びぬけた特権性を持っていた。しかし、どうせ文字だってコミュニケーションがうまくいかなかったのだから——この点を特に主張されたいのかは後ほど伺いますが——イメージを使ってコミュニケーションしているということを理解していればいいのではないか、というような主張でした。

いまのお話の根底には、やはり五百年ぐらいのスパンの中で起こった変化とそれが対応している。つまり、先ほど例を申し上げましたが、キリスト教が聖書を個人個人にグーテンベルク・テクノロジーを用いてばら撒くようになったその以前は、カテドラルの中でいろいろな物語の絵などがあって、まさにカテドラル自身がある種図書館であり知識の場であったわけです。それは言ってみればイメージの世界です。

それが近代、つまりルターの時代から、言葉だけに収斂していく。曖昧なイメージではなくて言葉の方が重要で、理性的・悟性的で立派であるという時代が続いてきました。それは先ほどのフェダーマンさんのデジセルフ、デジセルブズにわれわれは分散していくのではないかとおっしゃったときに想定されていた「確固たる私」とか「確固とした主体」といったもの、それ自身が実は近代の発明、妄想だったのではないか。その妄想と文字というものが理性的・悟性的であるということが重視されてきたのとパラレルだろう。セルフ、主体が分散化していくような中で、時代的には、文字、書かれたものよりもイメージが大きな意味を占めていくだろう。アメリカがグローバル化に成功し、アメリカの世紀になったのはいろいろな原因があっただろうけれど、モノだけではなくイメージというものをアメリカン・ドリームのかたちで巧みにばら撒くようなイメージ戦略が、まさに時代を変えてしまったのかもしれない。従来は、絵入り本と絵のない本は、われわれにとって意味が違ったわけですが、デジタルの世界では絵を入れるか、カラーかどうかというのは、まったく何の問題でもない。文字の側に写真が入っていることは何の問題でもないわけです。それはまさに0と1の同一情報に還元されたからこそ、絵であっても動画であっても同じ次元で扱う、そんな時代になった段階でイメージと文字を考え直したらいいのではないかというお話だったと思います。

討論

司会　ここまでパネリストの方々にお話しいただきましたので、議論に入っていきたいと思います。第一に、具体的にテレビとインターネットは本当に違うのか。それは別の段階、状況に至っているのかという点。第二に、全体のテーマでありますグローバル化に、インターネットや情報のデジタル化がどういう影響を及ぼしているのか。第三に、インターネットやデジタル・テクノロジーが新しい文化を作り得るのか、というようなことが議論の軸だと思います。

人間は魚ではない？

フロドン　フェダーマンさんは、家でビデオ・ゲームをするように、映画もインタラクティブになるだろうとおっしゃいました。そんなことはあり得ないと申し上げるつもりはありませんが、機械的にすべてこうなるだろうとプロセスを押し広げることは気をつけるべきだと思います。たとえば、ビデオ・ゲーマーも映画館という施設の中にテレビゲームとの関係を持ち込みたくないかもしれません。たしかに大きな変動を目前にしていると思いますが、必ずしもすべての行動が統一化され、同じように変わっていくとは思いません。知的に見ても、実践的に見ても、現在目にしていることが不可避に同じ方向に動く、そして私たちはそれを受け入れざるを得ないと考える必要はないと思います。技術的な変化があっても、必ずしもそれに従う必要はありません。問題を投げかける、拒否していくことも可能なわけです。

また、服部さんの魚と水の話には少し驚きました。集団的に自分たちが魚であると受け入れるのは奇妙な気がします。私は魚ではありませんし、なりたくもありません。人間であるということは動物ではないわけで、人間であるからこそ周りの環境に対する考察ができるのです。人間は環境と自分の間に距離を設けることができます。それこそが文化の意味ではないでしょうか。実際、今日私たちは文化について語るために集まっています。アイデンティティの分散と主体の危機、新しい権力による経済的・政治的な形態などの話が出ましたが、こうした話に私は可能性を見出します。こうした批判的な活動が、文化の仕事なのではないでしょうか。ものごとを運命論的に捉えてはいけないと思います。ですから、私は魚にはなりたくないと申し上げたいと思います。

黒崎政男（くろさき・まさお）
プロフィールは105頁参照。

司会　フロドンさんから二つありました。一つはフェダーマンさんの、映画館がインタラクティブ・ゲームのように変化していくのではないかという意見に対して、テクノロジーがそうなったからといって必ずしもそうなる必要はないだろう、という主張です。もう一つは、魚と水のメタファーは驚いた、人間は魚ではない、と。人間は受動的な存在ではなく開発していく生きもので、環境を知っていくのが人間であると。それが文化である、と。それはその通りなのですが……。例えが人間と空気だったらよかったでしょうかね。いまではわれわれは空気がなければならないと知っていますが、人間が空気の中で生きていると発見したのは、随分時間がたってからのことでした。

フロドン　わかっています。私たちはもちろん空気の中でしか生きることができません。私たち人間はそれを知っていますが、他の動物は空気なくしては生きることができないということを知りません。

司会　はい。もちろんそのとおりなのですが、他のパネリストの方からもお話を伺うことにしましょうか。フェダーマンさん、いかがですか。

フェダーマン　マクルーハンが「まだ起こっていないことを予言するような愚を犯してはいけない」と言っているように、私も映画に関して予言するつもりはありません。ただ、最終的にはここまでいくだろうという進化の行き先を述べたつもりです。私の息子はアニメ好きで、ビデオ・ゲームが映画になったという話をしてくれました。日本でもご存知の『ファイナル・ファンタジー』です。実際、多くのゲーム・プレーヤーがゲームをオンラインで楽しんでいます。オンラインで他人と自宅でゲームをすることが可能なのですから、もちろん大きな映画館でもできるわけです。実際、ある会社は、話した言葉に応じてオンラインで即時的に登場人物の行動を変化させることのできる機能を開発しています。『シュレック』や『スター・ウォーズ』のように、コンピュータ・グラフィックスの登場人物が出てくる映画がたくさんありますが、そのような登場人物をダイナミックに動かすことができるようになってきています。そうなると映画の役割が変わってきます。

マクルーハンの水と魚の話に戻りたいと思います。魚は水の存在を知らない、水の中で生きているという意識がないという話でしたね。もちろんフロドンさんが言われたように、私たちは魚ではありません。しかし、現況は心理的にこの魚と水の関係に似ていませんか。私たちは、新しいメディアの作り出す環境の全貌をまだ把握していません。ある程度の時間が経たなければ、全貌は掴みきれないのです。

テレビが発明された時、家庭にニュースやドラマが入ってきましたが、その時は戦争がテレビの登場によって変わるということまではわかりませんでした。政治もテレビによって変わりました。テレビによって女性の解放運動も生まれたのです。テレビが世界の現実を家庭に届けたことで、白人と男性が支配する社会を毎日見ることになった。私は女だ、私は黒人だ、白人でも男性でもないということで反対が起こりました。ベトナム戦争もテレビを通して家庭に届いたことで反戦運動が起こりました。しかしそこまではテレビの出現時にはわかりませんでした。

私たちはわからなくても、アーティストはわかるのではないかということです。マクルーハンも、自分の活動がどんな影響をもたらすかを知っている唯一の人間はアーティストだと言っています。映画というのは芸術です。フロドンさんはそう言われました。映画の芸術としての重要性を考えた場合、もちろん商業映画で娯楽性だけを重視した映画もありますが、映画というメディアは私たちが社会でいま何をしているのかを知らせてくれるわけですね。私たちは魚になって刺身や寿司になったり、油の中に投げ込まれたりするのは嫌です。それを妨げるには、何が起こっているのかを知らなくてはならない。それを知らせてくれるのがアーティストということです。

フロドン フェダーマンさんと同意に達することできて嬉しく思います。ただ一点だけ申し上げたいと思います。技術は開発されても、社会に適応しない場合があります。映画館の例をとりたいと思いますが、観客をさらに楽しませるために、ある映画館が動く椅子を導入しましたが不評に終わりました。テーマパークや遊園地には受けても、普通の映画館で動く椅子が欲しいと思う人はいません。インタラクティブな映画館がニューヨークで開館しましたが、だからといって、一般的に社会がそれを受容するとは限りません。そうした新しい映像との関係を社会が受け入れるかはわかりません。インタラクティブな映画がよくないとは言いません。製作されないだろうとも言いません。実際、技術的には可能ですし、現にそういった技術が開発されています。しかし、本当に人間がそうした映画を、ビデオ・ゲームと同じような関係を望むかどうかはわかりません。

インタラクティブな映画館

司会　少しだけまとめましょう。フェダーマンさんは、新しいメディアがどんな環境であるか、時間が経たなければわれわれはわからないだろう。それが、魚と水の喩えの意味だろう。しかし、アーティストたちは、いま何が起こりつつあるかについて極めて鮮明に意識を持っている人間であって、メディアの中でも重要な人であるということです。それに答えてフロドンさんが、たしかにインタラクティブな映画館も沢山できるかもしれないが、必ずしも必要ではないし、映画にインタラクティブを持ち込むことが映画の生命を延ばすことではないだろうということでした。私もそう思います。昔、インタラクティブ・テレビというものがありまして、会場のお客さんにこの後の筋をどうしましょうかと多数決をとり、主人公が死ぬことに決まると舞台装置を変えて主人公が死んでしまうのですが、何も面白くありませんでした。それでインタラクティブ・テレビはすぐに終わってしまいました。われわれは映画やドラマを見ている時にその筋の展開を楽しんでいるのであって、その部分をわれわれに任されても困るという意見がたしかにあると思います。服部さんいかがでしょうか。

服部　フロドンさんが言われた件については、フェダーマンさんがかなりお答えになったと思います。私がその言葉を引用したのは、われわれは魚であるということを言いたいのではなく、水から釣り上げられた時に魚ははじめて自分の環境に気づくということです。つまり、人間は環境を変える力を持っていて、魚と違って自ら自分の存在の基盤に疑問を呈することができる。これは、先ほど黒崎さんが言われたようにメディア決定論ではなくて、逆に社会が新しいメディアを作り出すダイナミズムがあることで、人間がメディアのかたちを決めていくことにもつながります。ニュートンの時代に生きていた人には、アインシュタインの発見に非常に驚いたでしょう。われわれは古代からいろいろな意味で、その時代の限界とかパラダイムといわれる見えない壁の囚人で、マクルーハンは「われわれはメディアの囚人である」と表現しました。自分たちはその中にいると意識せずに時代の中にどっぷりと浸かっているが、そのことを意識することは可能だと言ったわけです。その指摘は、人は現在というものから脱却しながら、いまどこにいるのかということをつねに問いつづけることのできる存在であるということの証左でもあります。そういうオブザベーションの重要性をこの言葉で示したかったのです。

衰退するものと回復するもの

服部　フェダーマンさんも言われたように、メディアというのは歴史の中で次々に転換していくのです。マクルーハンが晩年言っていた議論では、メディアはテトラッドという「拡張」「衰退」「回復」「反転」という四つの要素からなるダイナミズムを持っているとされます。たとえばテレビの出現で人はラジオを聞かなくなるように、新しいメディアの出現は古いメディアを衰退させてしまう。そして、ラジオの出現で滅んでしまった村の触れ役のような声の力を回復してくれる。テレビはあるところまで進化すると、インターネットのような次のメディアに発展する。電子メディアというのはコミュニケーションの能力を拡張・強化し、それによっていままでの国家的な支配を衰退させ、民衆の力を強め、いままで近代の民主主義が押さえ込んできた中世の時間や空間の超越的な見方を回復し、ついには犯罪やカオスの世界になるという解釈も聞かれます。

もう一つのマクルーハンの見方で、ホットとクールという言い方を映画に当てはめてみるのも面白いでしょう。クールというのは自分が関わりを持ちたいと思う、興味を引くメディアで、マクルーハンは映画をホットと分類しました。ホットは一方的で圧倒的なデータ量を持ち、人がパッシブに受けるメディアです。つまり過去に記録された一つの映像を、多くの民衆が同じコピーで見ているマスメディアの典型であり、人々はそれをパッシブに受け取る。黒崎さんが言われたように、これは活字が持っている特性ともよく似ていると思います。活字は対象との距離を置くことによって、クリティークしたり、距離感を保つことができます。その関係は薄まってきて、自分が見ているのか見られているのかという境界線が曖昧になってしまうのです。まさにインターネットがやろうとしているのは、それ以前のテレビや映画などのメディアの悪い部分をよくして、前のメディアが阻害していたものを回復させる、歴史的に輪廻転生のような作業です。映画が作ったドラマトゥルギーをテレビが真似し、その中に新しいものを回復していき、付け加えていきました。いまテレビがインターネットの陰で衰退しようとしている中で、映画はテレビの出現によって失ったものを回復していくのかもしれません。マクルーハンは、メディアのコンテンツ、中身は何かということについて、定義していません。前のメディアを新しいメディアはコンテンツにするとしか言っていないのです。最初はテレビが出てくるとラジオのキャスターを使ってラジオ番組を映像化し、ラジオのナレーションに絵をつけようとしました。しかし、そのうちに、テレビのドキュメンタリーやワイドショーなどのまったく新しい表現が出てくるのです。現在、インターネットという新しいメディアがやろうとしていることは、いままでのメディアであるテレビを真似して、テレビをオンラインで流し、テレビをコンテンツにしていくことなのです。

電子テクノロジーと聖なるもの

服部　少し話が脱線しますが、このシンポジウムに参加するにあたって、ポール・ヴィリリオの『電脳世界』という本を読み返してみました。その中で彼は、電子テクノロジーが解放しているのは、従来神が持っていたと考えられていた「偏在する」「瞬時に伝わる」「直接的である」ということだと指摘しています。神とのコミュニケーションは活字によって間接的になり、分解され、聖なるものが失われましたが、ITとかインターネットがやろうとしているのは、われわれの前近代的な宗教や神に対する一つのものの見方、まさに先ほど指摘したような中世的な観念などを復活しているということなのかもしれません。つまり、ＩＴが進めば進むほど、中世に戻ってしまうという論議になるかもしれません。

それから、マクルーハンが言う「グローバル・ヴィレッジ」について触れないわけにはいきません。つまり、インターネットが発達することによって、世界は地球村になるという主張です。それは六〇億人が住んでいる村というパラドクスのような状況が生じるということでもあります。フェダーマンさんが言われたように、ビジュアルの世界が滅びて聴覚が支配するカオスのような村にわれわれは戻ってしまうのでしょうか。しかしここで論議すべきなのは、映画は衰退してインターネットだけになってしまうのかということではなく、デジタル・テクノロジーを使うことによって両者をいかに融合して新しい世界観を作っていけるかということだと思います。村だけど世界である、個人だけどマスである、というような従来のパラドクスを超えた世界観を新しいテクノロジーによって作っていけるのではないかという可能性を考えるべきなのです。私はデジタルは0と1ではなくて、ものを分けて指し示すことができるテクノロジーであると思います。現在、ユビキタス・コンピューティングと言われる、椅子とか本とかすべてのものにＩＤがついていて、世界中のすべての文物を分けることによって指し示し、インターネットでアクセスができる技術が話題になっています。まさにテクノロジーが「神の技」を実現しようと試みており、そういうことがいまの時代に新しい文化や経済、社会のシステムを求めているわけで、さらに混乱は続いていると私は感じています。

司会　ありがとうございました。時間が迫ってきていますが、いまの話にあった、電子テクノロジーの中世的な性格というヴィリリオの指摘は、先ほどの柏木さんの、現在を軸にして時代が反転しているという話につながっていると思います。その辺を絡めながら、柏木さんいかがでしょうか。

確固たる主体という虚構

柏木　先ほど、フェダーマンさんがアイデンティティあるいは主体の問題についてお話しされました。デジタル・メディアが出てくることによって、そこにもう一つの自分が形成され、それがある主体を持ったかのように活動し始めるという興味深いお話でした。ここにしかいない自分というのは、近代の中で強固に作られた物語だと思いますが、デジタル・メディアの出現によってそうではなさそうだと気づかれ始めたということだと思います。

「近代的主体」ということを誰がはじめに言ったのか知りませんが、自分が誰とも違っていて自分でしかないという発想は、ルソーの『告白』に見られるように、十八世紀に出てきたのではないかと思います。物語を読むとその主人公になった気がするというのも、ルソーが述べているように、当然その頃出てきました。その中で折り合いをつけながら誰とも違う自分はどこにあるのかという話が、現代ではもっとカジュアルなかたちになり、雑誌で自分探しとか「私」探しが特集されることにまでつながっています。しかし、どうもそれはなさそうだということが、デジタル・メディアが出てきたことによって、はっきりしてしまったのではないかと思います。

私たちは、コミュニケーションの中で語られる表面上のメッセージしか理解しておらず、その奥にある確固たる主体を見ようとしてはいません。話された言葉はそれ以上のものではなくて、そのレベルで了解すればいい。こういった主体がいる、こう喋った主体がいる、翌日はこう喋った主体がいる、というふうに主体というのは多様に変化します。そういうものだと受け取らなくてはいけないのに、その向こう側に確固たる主体があるということを強固に押しつけられた。そういった一種の強迫観念があったのではないでしょうか。それが解け始めた感じがするのです。

司会　ありがとうございました。われわれが「私」だとか近代的自我、近代的主体と言ってきたものは、実は十八世紀頃に作られた虚構であって、このことがさまざまなデジタル・メディアの出現によって明らかにされてきたのではないかというお話でした。責任ある主体がなくていいのか、などさまざまな議論を呼ぶ話題だと思います。

また、服部さんのお話にユビキタス社会という言葉がありました。ユビキタスというのは、ラテン語で everywhere という意味で、いたるところにコンピュータがある世界をテクノロジーの側は目指しているらしいということです。「どこでもコンピューティング」と日本語では言うようですが、このような動きはたしかに始まっています。テクノロジーは休むことを知らず、倦むことを知らず、次々に新しいものを押しつけて開発してくる。もううんざりだ、とも言いたくなるわけです。しかし、それは確実にわれわれの生き方や社会を大きく根本的に変えてしまいます。しかもその変化は私たちの意識に上らないかたちで進行する、というのがフェダーマンさんの強い指摘だったと思います。

このシンポジウムはグローバル化で文化はどうなるかという、それはヨーロッパと日本が、ある種アメリカ的なグローバリズムに対してどういうふうに距離をとっていくかというのが大きな枠組みでした。それに対して象徴的だったのは、フロドンさんの発表で、日本とヨーロッパは政治文化的な地位からいって同様の位置にあり、映画はいまのデジタイゼーションやハリウッドのアメリカ中心主義、映画のデジタル化という中で危機的な立場にはあるが、プロテストしていくような批判的な立場をとり得るという指摘でした。まさにアメリカのハリウッド図式やアメリカ主導のコンピュータの進展、グローバル化に対してクリティークできるのが日本とヨーロッパであるということだと思います。時間がきましたので、これで終わりにします。ありがとうございました。

総括

根本長兵衛
エドガー・モラン

「文化立国」を期待して

根本長兵衛

このシンポジウム「グローバル化で文化はどうなる?」の構想を具体化するよう頼まれたとき、加藤周一先生とエドガー・モラン先生を中心にプログラムを作ろうと考えました。モランさんとは長いお付き合いです。三〇年前、はじめて日本に来られて、当時、朝日新聞の記者をしていた私が東京を案内した、その時からのお付き合いです。それから七、八回モランさんは日本に来ていらっしゃいます。加藤先生によくお会いしたのは、『朝日ジャーナル』の記者時代です。名著であり、加藤さんの主著である『日本文学史序説』の原稿を『朝日ジャーナル』に連載なさっていて、編集部でよくお見かけしていました。以来、時々お目にかかっていろいろ教えていただきました。加藤先生に基調講演のトップバッターをお願いしたら、たいへん一生懸命にお考えいただいて、打ち合わせで三回も相談にのってくださいました。モランさんにも事前に二度も直接パリで相談にのっていただく機会を得ました。コーディネーターの役得だったと思っています。

激動の二十世紀を超えて

モランさんも加藤さんも一九二〇年前後のお生まれで、二十世紀をほとんど全部経験してこられました。戦争と革命の世紀といわれた二十世紀は、驚異的な科学技術の発展と飛躍的な生活向上はしたものの、一方では広島・長崎があり、現在はブッシュ米大統領のイラク攻撃に世界が怯えるという、そういう激動の世紀でした。加藤さんは医学から、モランさんは社会学からスタートされた方ですが、プログラムの略歴をご覧になればおわかりいただけますように、それはそれは幅広い、多面的な活動をされてきた方々です。政治や国際関係の問題でも、いつの時代でも鋭い批判と分析を重ね、それぞれの国で「言論の雄」として活躍されました。つまり、二十世紀の入口から出口まで、フルに生き抜いてこられた方々です。お二人は私たち以上に二十一世紀に深い関心をお持ちですし、さらに人類の将来も考えていらっしゃる。そこで、このお二人を軸にしてシンポジウムの骨

根本長兵衛（ねもと・ちょうべい）

プロフィールは113頁参照。

組みを作ろうと考えたのです。お二人から快諾いただけたのはたいへん幸せだったと思います。

昨日も参加された方が大勢おいでかと思いますが、今日だけの方もいらっしゃるので、昨日何があったのかをまず私が手短かにお話しし、あとはモランさんにお話しいただこうと思います。昨日は四人の基調講演者の方々にご講演いただきました。そのすべてについて言及するわけにはいきませんが、私が強い印象を受けたことだけお話しししたいと思います。

バッサム・ティビさんは、ゲッティンゲン大学の教授で、シリアで生まれ、いまはドイツ国籍だと思いますが、ヨーロッパでもアメリカでも国際関係論などを教えていらっしゃる、国際的に著名な碩学の士です。日本に来られたのは今回がはじめてだとうかがっています。このシンポジウムには「日欧」というタイトルが付いていますが、ティビさんにはイスラムと西欧についての報告をお願いしました。イスラムの移民がヨーロッパで急増しており、二〇三五年にはその数は四〇〇〇万人に達するという予測に大きな衝撃を受けたのは私だけではないと思います。そうなるとヨーロッパは今後どうなっていくのか。また、九月十一日以降のアメリカを中心とした西欧とイスラムの対立の根底にある問題は何なのか。ティビさんは、日本であまり耳にしたことのない、鋭い独創的な分析をしてくださいました。現在、イスラムの人たちは聖戦（ジハード）を唱えて欧米に挑戦しようとしている、イスラム・ファンダメンタリズムは本気で欧米と対話するつもりはまったくない、と厳しく批判されました。他方では、西欧社会も「寛容」を口実としてイスラム人口が増え続けていくことに対して無関心で、イスラム原理主義の浸透に対してきちんと対処しようとしていない、と西欧に対して警告もされました。現状では、西欧とイスラムの関係は悪化する一方だ、というのがティビさんの分析です。私が誤解していなければ、西欧側は民主主義だとか個人の権利といったヨーロッパの基本的な価値を堅持する必要があるし、ヨーロッパでどんどん増え続けるイスラム移民の方は、全員が原理主義・聖戦主義者ではないにしても、彼らが西欧社会にやって来てゲットーを各地に作って孤立化していけば、ヨーロッパは必ず混乱と紛争に巻き込まれてしまう。それを回避するためには、イスラム移民たちは「ユーロ・イスラム」、つまり非宗教的なヨーロッパ流の自由と民主主義の原則を受け入れて、ヨーロッパ人と共通の価値観を持つべきだ。そして、共存していくようにならなければイスラム問題は二十一世紀のEU域内の危険な火種になりかねない、というお話だったと思います。私としては、眼から鱗が落ちるようなショックを受けた次第です。

また、今日の分科会Iで、フランス領のカリブ海グアドループ島生まれの女流作家、マリーズ・コンデさんがカリブ海文化とグローバル化について体験に基づく報告をされました。グローバル化が孕む「北と南」の問題の根深さを浮き彫りにする、きわめて今日的なお話だったと思います。かつては反植民地主義闘争で高揚したこの地域の文学が力を失い、豊かな自然で輝いていた内なる国、カリブ海のそれぞれの島がいまやグローバル化によって暴力や麻薬ですっかり荒廃してしまった。多くの作家がネグリチュードへのこだわりを捨てて思い思いに海外で活動するようになった。そういう経過を悲しみと怒りを抑えて淡々と話されました。カリブ海の作家たちははじめて住みたいところに住み、自分たちの書きたい時に書きたい言語――つまり、英語、フランス語、あるいはクレオール語で――を選んで仕事をするようになった。かつての支配者のモデルを押しつけられるのではなく、自らそれに同化することがはじめて可能になったということです。このお話もたいへん印象深い、感動的なものだったと思います。

「アジアの中の日本」の問題も

それから、この二日間のシンポジウムを通じて、日韓合作の現代劇『その河をこえて、五月』で朝日新聞の演劇大賞を取られた若手演出家、平田オリザさんが、連日熱弁を振るわれました。また本日は、映画史と比較文化がご専門で、アジアの大衆文化の実情にも詳しい四方田犬彦さんのご発言も会場の注目を集めました。お二人の留学先はニューヨークやパリではなく韓国の大学で、日本の漫画やアニメがソウルや台北の若者の間でどのような人気を博しているかよくご存知です。これまで日欧会議というと、ヨーロッパの日本研究者と日本のヨーロッパ研究者が出会う日欧二極の会議が多かったのですが、西欧文化に深い造詣を持ちながら、「アジアの中の日本」の問題を熟知しているお二人の参加は、このシンポジウムの論議を盛り上げ、幅広いものにしたといえます。

また、昨日は筑紫哲也さんが司会者になって座談会をおこないました。彼はテレビのニュースキャスターという多忙な仕事にもかかわらず、よく音楽を聴きに行き、芝居もよく観に行く、たいへんアート好きな方です。活字文化から電子メディアへの移行、文化のグローバル化から、アメリカのイラク攻撃の背景にあるキリスト教とイスラム教、二つの一神教の原理主義の分析まで、縦横に議論をリードした築紫さんの司会ぶりは鮮やかで、会場では彼のコメントに深く頷く聴衆の姿が目立ちました。

グローバル化と文化の行く末を案じて

最後に、「グローバル化で文化はどうなる？――文化を巡る日欧の対話」というタイトルの由来について、若干説明させていただきたいと思います。私事で恐縮ですが、私は福原義春さん、辻井喬さんなど、文化人経営者の方々と企業メセナ協議会を一九九〇年に設立し、長く専務理事を務めました。当時の日本はバブル崩壊の陰りが見え始めたとはいえ、第二の経済大国の繁栄を謳歌していたのですが、文化状況のお粗末さ、ことに芸術文化をサポートする体制の貧しさは酷いものでした。その後も目立って改善されたわけではありませんが、何とか文化立国への第一歩を踏み出せないか、というのがこの協議会設立の動機だったのです。しかし残念ながら、その後の経済情勢の悪化でメセナ運動は足踏みを余儀なくされています。マスメディアの論調も経済回復一本槍で、景気さえ回復すれば日本は甦るといわんばかりの単純な主張が目立ちました。バブル崩壊後の一〇年を「失われた一〇年」と呼ぶことが流行にもなりました。文化の再生や芸術文化サポートの必要は全く顧みられず、経済と金融だけが回復すれば日本は幸せになり二十一世紀も万々歳、という風潮に飽きたらず、グローバル化で文化はどうなるのかということを一度真剣に考えてみたらどうかとかねがね思案していました。EU・ジャパンフェスト日本委員会の古木事務局長が、こうした私の考えに深く共鳴し、一〇周年を迎えた同委員会の記念事業としてこのシンポジウムを東京で開催する運びとなりました。

ことに今日の分科会では、パネリスト同士の間で白熱した議論の応酬が起こりました。モランさんは、二日間会場にあって、討議の進行に終始熱心に耳を傾けておられました。その感想や、モランさん自身が前日のお話を発展させて補足説明されたいこともたくさんおありだと思います。これから五〇分ほど、もう一度モランさんのお話を拝聴したいと思います。では、モランさん、お願いします。

「極西の国」でのトランスカルチュラルな対話　エドガー・モラン

最後に発言する機会を与えていただき光栄に存じます。また、三〇年間にわたって友情を築いてきた根本さんとこうしてこの場にいられることをたいへん嬉しく思います。この二日間、いろいろなテーマに沿って議論が進められてきましたが、私というフィルターを通した、私なりの総括をさせていただきたいと思います。

二〇〇三年二月、私たちは東京の地に集まりました。西欧から見て日本はもっとも東に位置することから「極東（l'Extrême-Orient）」と呼ばれるわけですが、科学技術などの分野では西欧以上に進んでいる国でもあります。とくに最近はたいへん開かれた国になってきており、来日するたびに私はその印象を強くしています。ですから、きわめて西洋化が進んだ国という意味では「極西（l'Extrême-Occident）」と言ってもよいのかもしれません。東京はまさに東と西が共存する都市であるわけです。そして、この東京に、芸術、科学、社会科学、文学、哲学といったさまざまな分野において、国や文化を越えた、まさに「トランスカルチュラル」な活動をされてきた方々が文化の対話をするために集まりました。

エドガー・モラン（Edgar Morin）

プロフィールは53頁参照。

ヨーロッパと日本という東西の対話に、マリーズ・コンデさんが参加することによって、南北間の対話にもなりました。イスラムと西洋との関係について問題提起をされたバッサム・ティビさんのお話も南北対話の一つの試みだったと思います。二日間にわたって、文化について——グローバルな文化と、国や地域に固有の文化、両方の文化について——対話を続けてきましたが、同時にさまざまな「脅威」も論じられました。脅威の一つは人類の運命に関することでした。

危機に瀕している地球と人類

人類は死に脅かされています。というのは、いまや太鼓が打ち鳴らされ、戦争の歯車が動きかけているからです。この戦争はまず第一に節度を欠いた行為だと思います。ブッシュ大統領がサダム・フセインという獲物を追いつめて成敗しようとしていますが、最初はアルカイダという秘密組織を追いかけていたはずなのです。いつの間にか獲物はサダム・フセインに変身してしまい、イラクで新たに戦争が始まろうとしています。「切迫した脅威」とブッシュ大統領は言いますが、石油供給源としての中東をコントロールしたいという意図ははっきりしています。さらにアメリカは、政治的にも社会的にも深刻な対立と混乱が長く支配しているこの地域を自国の保護領にして、アメリカ流の民主主義を導入するという夢物語を実行しようとしています。これは節度を欠いた破廉恥な行為、野望と言わざるを得ません。

この戦争は慎重さをも欠いています。ひとたび私たちが行動を起こすと、その瞬間から本来の意図を離れてコントロール不可能な方向へと事態が進んでいってしまうものです。そして、しばしばブーメランのように行動を起こしたわれわれ自身にその行為は返ってくる――私はこの現象を「行動の生態学」と呼んでいますが――たとえばナチスドイツによるソ連攻撃はナチスの期待していた勝利ではなく敗退という結果を生み、日本の真珠湾攻撃も日本が期待した結果に結びつかず、広島・長崎への原爆投下をもたらしました。したがって、「行動の生態学」から考えれば、いま始まろうとしている戦争も本来の思惑とはまったく異なって、凄まじい武力攻撃がわれわれに戻ってくる可能性が大きい。この点で、慎重さを欠いた軽率な行為であると私は考えます。

エウリピデスという古代ギリシャの劇作家が悲劇三部作を「ほとんどの場合、予想していたことではなく、予想もしなかったことが起こるのだ」と締めくくっています。事実、人類の歴史は「予想もしなかった」ことの繰り返しでした。最近でも、ソ連の崩壊、旧ユーゴスラビアでの戦争、そして九月十一日のテロといった具合に、予期せぬできごとが次々と発生しています。もしこれから戦争を始めれば、「予想もしなかった」できごとがさらに起こることが懸念され、この点でもこの戦争は軽率であると思います。

人類の運命について一つだけたしかなことは、地球は危機に瀕しているということです。地球は不確実性のなかにあると言い換えることもできます。なぜならば、正常であったものが正常ではなくなり、われわれの予測が機能しなくなったときに、危機は生じるものですから。そうして、予想もしないことが続き、安定性や正常性や規則性が破壊され、それまでコントロールされ押さえ込まれていた力が解き放たれ、制御不能のプロセスが始まってしまうのです。

昨日、私は加藤周一さんの「資本主義の本質は無限の拡大である」という発言に強い衝撃を受けました。しかし、この拡大するプロセスというのは、資本主義だけでなく、近代科学、技術、産業を加えた、地球を動かす四つの動力源の本質でもあります。そして、この拡大するプロセスを制御する手だてはいまのところまったく失われています。サイバネティクスの世界ではフィードバックが有効に機能しなくなると崩壊に向かいますが、人間の場合には、フィードバックが失われても「変化する《メタモルフォーゼ》」という可能性が残されてはいます。この問題については後ほどお話ししたいと思いますが、いずれにしても、現在、人類は断末魔（agonie）の時を迎えているのです。この「agonie」という言葉は第一義的に「死に瀕している状態、死にかけていること」を意味しますが、その語源であるギリシャ語では「生と死の間における決定的な戦い」を意味します。まさに人類と地球は生死をかけた最後の戦いを目前にしているわけです。

相矛盾する二つのプロセスとその相互補完性

グローバル化によって伝統的な文化やその基盤が破壊されようとしていますが、同時に根源やルーツや過去へ回帰しようとする動きも現れており、原理主義はそうした回帰現象の一つと考えられます。ルーツや過去といったものを一方では否定しながら、私たちは自分たちの起源を求めてさまよう——ここには根源的な矛盾があります。すなわち、過去の遺産を維持し、守っていくためには、変革が必要である。しかし同時に、その変革を実現し、人類の運命を変えるためには、過去の遺産を守らなくてはならない。一方では守り、保存する、他方では変革する、という二つのプロセスは鋭く対立するものと考えられてきましたが、実は両者は相互に必要なプロセスなのです。たとえば、科学技術の進展と産業の利潤追求の結果として生物圏(バイオ・スフィア)は破壊されようとしており、これは地球上の生命すべてにとっての脅威です。この生物圏を何としても守り、生物の多様性、人類の多様性を守らなくてはならない。しかし、多様性を守るためには、人類の政治的・社会的な組織や体制を根本的に変革する必要がある——この意味で、守ることと変革することは結びつけられるのです。

機械化、産業化、メディア化、デジタル化の脅威は、芸術文化、あるいはハイ・カルチャーと呼ばれる分野にも及んでいます。しかし、ある種の挑戦が成就すればその脅威は致命的なものとはなりません。どういうことかと言うと、たとえば映画に代表される文化の産業化は、文化としての映画が産業をコントロールし、芸術作品を作っているかぎり、脅威を克服することができるはずです。何かが何かを、一方が他方を支配するという関係ではなく、互いに仕え、支え合う関係も可能なわけで、そこから新しい可能性が開かれていくのだと思います。

人間はデジタルを超えて思考・行動する

デジタル化というのは驚くべき技術の進歩です。バイナリーな（二進法にもとづく）デジタルの世界は0か1かの二者択一の世界で、コンピュータはこのバイナリーデジットに基づいて機能し、素晴らしい成果をもたらしています。驚異的な計算能力や論理遂行能力を実現していますが、それでもやはりコンピュータの限界があります。感受性や動機を持たないコンピュータにはメタファーを使って思考することができない。あるいはアナロジー（類推）によって思考することに人間の頭脳は優れていますが、コンピュータにはできない。人間の頭脳は0か1かで機能するものではなく、アナロジーやメタファーによって考察を深めていきます。ある思考や感覚を一つの領域からまったく別の領域へと跳躍させながらアナロジーを働かせる、デジタル的なものとアナログ的なものを結びつける、これこそが人間の思考の豊かさであると思います。そして、感情、詩（ポエジー）というものを、私たちはメタファーを通して理解しているのです。

つまり、詩をはじめとして、芸術も文学もバイナリーデジットとはまったく異なる次元の世界で成立しているということです。たしかに、デジタル技術によってレオナルド・ダ・ヴィンチの『モナリザ』の精密な複製を作ることができますが、レオナルド自身は0と1とで思考したわけではなく、まったく別の思考形態に基づいてこの作品を創り出したのです。デジタルの世界からは本当の新しいものは何も生まれてこない。デジタルは新しいものを創り出すことはできない。人間はデジタルを利用することがあっても、常にそれを超えて思考し、活動しているのです。

この二日間、インターネットについてもずいぶん論じられました。インターネットはパソコンが織りなす一種の人工的な脳神経ネットワークとして、いま、世界全体を覆っています。グローバル化の重要な一部を占めるインターネットはさまざまな現象を引き起こしてきましたが、人間的なものと科学技術の産物との対立もその現象の一つです。人間はさまざまな技術を生み出し、機械を作りましたが、それは世界や物質を支配するためでした。こうして産業というものが始まったのですが、そのうちに人間が支配していたはずの機械が工場労働者を逆に支配するようになりました。さらに、分業化や時間の管理によって、人間は機械に一層服従させられることになったのです。私たち人間は人工的な機械ではないけれども、部品のように扱われるようになってしまったということです。そう考えると人間のすべての活動が巨大な中央コンピュータによってコントロールされているイメージが浮かび上がってきます。われわれ人類はその中央からの指令に従って動いているだけなのかもしれない。その命令に背くことはほとんどない。しかしながら、それでもやはり私たちは機械ではなく、合理性の論理からはずれて行動することもあるのです。機械や技術に完全に服従するということはあり得ません。

情報と知識の氾濫の中で失うもの

　コンピュータ、インターネット、携帯電話など、さまざまなメディアも話題になりました。たしかに、私たちは情報社会、コミュニケーション社会に生きています。しかし、情報のコミュニケーションだけでは「理解」を生み出すことはできません。情報というのは「単位」の集合にすぎず、複合的な意味や全体としての意味を提示するものではないのです。一方、「理解」というのは情報や知識を集め、関係づけて全体像を描くことです。情報の氾濫によって知識や理解が損なわれていますが、すでに詩人T・S・エリオットは――詩人というのはしばしば時代の先を行っているものです――「情報のなかでわれわれが失う知識とは何か。知識のなかでわれわれが失う叡智（wisdom）とは何か」と問いかけています。情報の氾濫の中で知識は崩壊します。また、客観化され、細分化され、われわれ自身からも切り離された知識のなかで、叡智が――「生きていく術」と言ってもよいでしょう――崩壊していくのです。

　私たちにとってもっとも重要なのは人間を理解することですが、人間を理解するためには、その人のさまざまな特徴や「複雑性」を理解するだけでは不充分で、まず、感情移入してその人の主観を考える態度が必要です。人間はみな、私と同じように「主体」であること理解しなくてはなりません。

人間を眼や髪の色、体格、社会的な地位や職業などの情報の羅列に貶めてはならないのです。私自身がそうであるように、人間は誰もが主体としての個人であることを理解する――こうしてはじめて人間を理解することができるのです。

このような人間の理解は文学、演劇、映画といった芸術によってもたらされます。アメリカの批評家ハロルド・ブルームが「もっとも優れた人類学者、人類をもっとも理解しているのはシェイクスピアであって、どこかの学者ではない」と述べたとおりです。また、二十世紀の偉大なメキシコの作家オクタビオ・パスが――メキシコ人であると同時に地球人でもある彼は、アジアの文化にも精通し、日本の俳句を詠む人物でもあります――「政治家は、まずアイスキュロスやエウリピデス、シェイクスピアの演劇を読んで、人間を理解すべきだ」と言うように、人類のもっとも豊かな知識、人間を理解するための知識は芸術の中にあるのです。

しかしながら、書物のなかで人間を理解していても、私たちは書物を閉じるとその理解を忘れてしまいます。作品に強い衝撃を受け、その衝撃が刻印のように残っている人――こうした経験はおおむね若い頃の読書から得られるのですが――を別にして、たいていは忘れてしまいます。現実の世界では、浮浪者だ、犯罪者だという分類をするだけで、理解そのものを拒絶してしまうのですが、作品のなかで得られた人間の理解を育んで、さまざまな人間と彼らの世界を理解しなくてはなりません。西洋について言えば、このような人間の理解なくして、西洋の犠牲者であった人々――奴隷制などによって何世紀にもわたって非人間的な状況に置かれ、省みられることのなかった人々――について何も理解できないだろうと思います。世界にはアパルトヘイトという問題がいまだ根強く存在し、南の世界が存在している。このことを忘れてはいけません。ネルソン・マンデラは「私たちは許す。しかし、決して忘れない」と言いましたが、私たちも忘れてはならないのです。

「理解」とは「知識」の問題でもあります。私たちは知識の世界に生きていると言われますが、正しくは複数の知識の世界です。知識が細分化されてしまうと、本来知識が持つ、さまざまな要素をまとめて理解する能力が損なわれてしまいます。芸術文化が自然科学と分断されているという問題もあります。その結果として、文学や哲学に特徴的な思索や反省が自然科学には欠けたままで、また科学が生み出す知識を芸術文化と共有できない。知識が豊富にあることに酔いしれてしまいがちですが、このような細分化が広まる世界では知識もまた病んでおり、危機に瀕しているのです。

「寛容」の本当の意味

「文化間の対話」という問題についてもさまざまに論じられましたが、対話をするのは文化ではなく、人間なのであり、彼らはある文化や集団に帰属しているのだということをまず申し上げたい。どのような文化にも、対話など気にかけない人々や文化的なドグマにとらわれている人々がいるものです。実際に対話を可能にするのは、好奇心旺盛で他者や異質なものを受け入れる精神をもち、移動や旅を数多く経験した人々だろうと思います。文化は、固有なアイデンティティを守ろうとする閉鎖的な特質だけではなく、外部に対して自らを開き自らを豊かにしていく可能性も持ち合わせています。いかなる文化もその起源において出会いと共生を体験するもので、フランスの文化も多くの異なる民族や文化の融合から誕生し、成立したのです。日本も中国から文字文化を輸入することで自らの文化を豊かにしたという話を昨日うかがいました。私たちは個々の文化にとどまりながらも、地球全体に開かれなくてはなりません。私たち自身と私たちの文化が地球へと開かれることから人間が理解できるようになり、寛容の精神が生まれるのだと思います。

この「寛容」という問題についてもひと言申しあげたいと思います。寛容とは、他者や自分と異なるさまざまな意見に対して無関心であることではありません。寛容とは苦痛であると言ってもよく、耐えられないものにも耐えるということでもあります。十八世紀フランスの作家・思想家ヴォルテールはこのことを「あなたの意見は私から見ればおぞましいものだ。しかし、あなたがそれを表現する権利を剥奪されるくらいなら私は死んでもいい」と表現しました。民主主義というのは、異なる意見や相反する考えのやり取りがあってはじめて成立するわけですから、寛容は民主主義にとっても不可欠なものです。また、寛容は思考のためにも必要です。パスカルは『深い真理』の反対は『深い誤り』ではない。それは『もう一つの真理』である」という美しい表現で、「真理」が多面的であることを説明しました。私たちの敵の思想にも真理があるかもしれない。狂気としか思えない思想にも真理があるのかもしれません。

イスラム教もキリスト教も一神教

今回のシンポジウムではイスラムの問題も大きく取り上げられましたが、筑紫哲也さんの発言が強く印象に残っています。私たちヨーロッパ人の考えをその根本から変えてしまうような重要なコメントであったと思います。われわれヨーロッパ人は、イスラム対ユダヤ・キリスト教世界、イスラム対西洋、という対立構造を信じ込んできたわけですが、筑紫さんは「私たち（日本や中国）は多神教だが、あなた方（西欧）は一神教である。こちらの方が決定的な違いである」と指摘なさいました。たしかに、ユダヤ教、キリスト教、イスラム教はいずれも一神教であり、同じ聖書から生まれた三つの宗教的バリエーションなのです。いままでイスラム教とキリスト教の相違点ばかりが強調されてきましたが、実はそれほど違いがないのではないか。完全に相対立、相反するものではなくて、ライバルとして考えるべきなのかもしれません。

イスラムを歴史的に考察する必要があることも指摘されました。歴史上何世紀にもわたって、イスラムは世界の文明の中心であったことを思い起こすべきです。ギリシャ・ローマ文明はイスラム世界を経由して西のキリスト教世界にまで伝えられました。また、過去においてイスラムはキリスト教よりも寛容であった——ユダヤ人、イスラム世界はキリスト教を寛容に受け入れた——という事実もあります。ティビさんもおっしゃったように、イスラムはヨーロッパと歴史的にも深い関わりを持っているのです。オスマン帝国はヨーロッパの帝国とも言える現象で、事実十四、十五世紀以降、東欧で非常に重要な役割を果たし、ボスニア・ヘルツェゴビナやアルバニアにその痕跡を残しています。私たちはイスラムをもっと知的に賢明に考えなくてはなりません。

西欧ユマニスムの本質

そろそろ結論に向かわなくてはなりませんが、その前に、ヨーロッパ文化の特質でもあるそのエネルギーについてお話ししようと思います。ヨーロッパ文化はルネサンスとともに開花します。ギリシャの遺産である合理性、思想、民主主義の理念などを受け継ぎ、開花させたのです。そして、ヨーロッパ文化はそのエネルギーを自らのうちにある絶えざる対立——信仰と懐疑、あるいは理性と宗教との対立——の中に見出してきました。信仰、懐疑、宗教、理性、これらの対立がヨーロッパの文化に、そしてまたユマニスム（humanisme）にも活力を与えてきたのです。

ヨーロッパのユマニスムの源は何かという問いに対して、ポーランドの哲学者レシェク・コワコフスキは「ヨーロッパのユマニスムはキリスト教にはじまる。なぜならば、福音書のメッセージはすべての人間に――自由な市民にも、奴隷にも――与えられるものだから」と答えました。これはユマニスムの起源をキリスト教に求める考えです。一方、チェコの哲学者ヤン・パトチカは「都市の政府は神のものではない。女神アテナは守護神としてアテナという都市を守るが、統治するのは人間である。理性が統治しなくてはいけない」と、ギリシャにおける民主制をその起源とする考えを述べています。こうしたギリシャからの遺産は非常に重要なもので、キリスト教とギリシャの理念が融合した後、宗教を超えてヨーロッパのユマニスムが生まれたのだと私は思います。

歴史的な発言をあと二つご紹介したいと思います。西欧が非常に残酷で血なまぐさい方法でアメリカ征服をおこなった時代、スペインの司教バルトロメ・デ・ラス・カサスは「アメリカの原住民（インディオ）にも魂があり、彼らもまた私たちと同じように人間である」と宣言し、神学にもこの考え方を取り入れました。また、ほぼ同時代のモンテーニュは「私たちは、自分たちと同じ文明でない人間のことを『野蛮』と呼ぶ」と指摘しています。彼らの発言は実に素晴らしく、意義深いものだと思います。ここに示された合理性的に自己批判をする能力、これこそがヨーロッパ文化のもっとも優れた点だと私は思っています。

地球規模のユマニスム

では、結論に入ります。グローバリゼーションは地球人である私たち全員に関わる問題で、私たちは傍観者でいることはできません。一九九九年十二月、シアトルで開催されたＷＴＯ閣僚会議で起きた事件は非常に重要な意味をもっていたと思います。当時、多くの抗議活動やデモがおこなわれ、「世界は商品ではない」という名言が生まれました。つまり、私たちは世界について考えなくてはならないが、商品経済のルールで考えてはならない、ということです。グローバル化の問題は、地球をいかにして人間化するか、われわれの歴史をいかにして人間的なものにするかということで、ポルトアレグレの「世界社会フォーラム」のように、さまざまな考えを出し合う機会が増えてきています。

ここで、もう一度ユマニスムについて考えたいと思います。先ほど西欧のユマニスムについてお話ししましたが、この西欧のユマニスム自体、超克されなくてはならないものです。ユマニスムには二つの考え方があります。まず、すべての人間に同じ権利を認め、同じ特徴や特性を認める考え方。また、人間の使命は自然を征服し、世界を支配することだという考え方もあります。この思想はデカルト、ベーコン、ビュフォン、マルクス等によって形成されたもので、人間を世界の主体として中心に据える思想です。しかし、このような考えはもはや滑稽に響くのではないでしょうか。私たちは地球が巨大な宇宙の中の小さな惑星に過ぎないことを理解しており、世界を所有したい、世界の主人になりたいという人間の意志が環境破壊をもたらし、結局は人類の自殺行為を繰り返してきたことを知っているわけですから。このような西洋的な人間中心思想は放棄しなくてはなりません。西洋を超えて——「メタ西洋的に」と言ってもよいと思います——地球レベルでユマニスムを目指さなくてはならないのです。そのためには、西欧のユマニスムは非西洋のさまざまな思想——とりわけ儒教、道教、仏教など、アジアの豊かな思想——と合流することが必要となってきます。

地球規模のユマニスムは統一性と多様性をともに了解するものです。統一性と多様性とを分けて考えるべきではありませんが、残念ながら、私たちは二者択一の思考法に馴らされてしまっており、分けずに考えることがなかなかできません。統一性を見る人は人間の多様性が見えず、人間を抽象化してしまう。逆に、多様性を見る人は人間の統一性がわからず、人間を細分化して見てしまう傾向がある。しかし、人間の多様性は脳細胞や遺伝子や感情に存在する根源的な統一性から生まれているのです。また、私たちは地域によって異なるさまざまな音楽や詩や文化を通じて、音楽や詩や文化を本質的に理解します。つまり、文化も人間も、常に多様で個別的な形態をとって現れるもので、その多様性を通して私たちは本質を理解するのです。多様性と統一性は同時にとらえる必要があります。

地球という「祖国」

コスモポリタニスムの意味も変わってきていると私は考えています。コスモポリタニスムというのは、非常に抽象的な「世界市民」という考え方ですが、地球はもはや抽象的なものではなく、私たちの祖国（patrie）として考えなくてはなりません。私たちはこの地球の子供として、生物学的な進化の中で生まれてきました。その意味でわれわれ人類は共通のアイデンティティを持っているわけです。私たちは全人類の生死に関わる問題を前に、まさに運命を共有しています。地球を祖国と考えることは、「patrie」とは、もともと語源的には、運命を共有する、つまり運命共同体を意味する言葉です。私たちが個別に持つであろう祖国を——たとえば、生まれ育った村や国や地域、あるいは宗教的なコミュニティなど——否定するものではありません。地球という祖国は、こうした個別の祖国よりはるかに古く、深いところにその根を下ろしており、個別の祖国をすべて包み込んでしまうものです。このような祖国の姿をヘーゲルならば「具体的かつ普遍的なるもの」と呼んだかもしれません。この具体的かつ普遍的な地球という祖国の中に、危機に瀕し、息切れしている西洋文明を超えたものを見出さなくてはならないのだと思います。

西洋文明は実用性や物質を追い求める活動に邁進し、事実、私たちは多くのモノを獲得して、車、冷蔵庫、航空機など、莫大な量のモノに囲まれて暮らしています。ところが、そのうちに私たちはモノに従属している自分の姿に気づくのです。モノによって充実した幸福感が得られると思っていたわけですが、実際には大きな不満や居心地の悪さを感じています。内的な生活や内面性が欠けて、心理的に虚ろなのです。だからこそ、自己ともう一度折り合いをつけ、そして自己を再発見するために、今日、西洋は非西洋の考えやその実践に救いを求めたりもしているわけです。仏教の禅やインドのヨガなどの普及はそういう文脈で理解するべきでしょう。西洋には、西洋を超えた次元のものが必要だということです。経済的な計算とルールですべてを理解し、すべての問題を解決しようとする思考法を乗り越え、西洋をも乗り越え、私たちは人間や地球の「複雑性」を考えていかなくてはなりませんが、細分化された思考では「複雑性」を理解することはできません。

人類のメタモルフォーゼは可能か

繰り返しになりますが、われわれ人類が生み出したさまざまな現象は破滅に向かっており、人類もまた断末魔の時を迎えています。ある一つのシステムが生死にかかわる「ヴァイタルな」問題に対応できない場合、崩壊するか、変化《メタモルフォーゼ》するか、そのどちらかです。あらゆる国家を包括する地球というシステムはヴァイタルな問題をまだ解決することができずにいます。たとえば、生物圏全体の存続に関わる問題は解決されずに自然環境は脅かされ続けている。あるいはまた、飢餓をなくすためのあらゆる技術が開発されてきたが、それでもなお地球上には飢餓が存在している。飢餓を根絶できないのは技術的な問題ではなく、一連の社会的、経済的、政治的な理由によるものです。このようなヴァイタルな問題を解決できずにいる私たちのシステムもまた、崩壊するか、変化《メタモルフォーゼ》するか、それ以外に道はありません。そしてどちらに進むかによって、人類の将来が死であるか再生できるかが決定されるのです。

メタモルフォーゼとは、ある存在が別の存在に生まれ変わることです。たとえば、毛虫がさなぎになると、繭の中で自己を破壊していきます。神経組織だけを残して、他のすべての器官や組織を――消化器官さえも――破壊していくのです。毛虫はこうして繭の中で新たな自分を作り、新しい存在として生まれ変わるわけで、この自己破壊のプロセスは同時に自己生成のプロセスでもあります。同じ個体でありながら、それまでの地面を這う哀れな毛虫とはまったく異なる特性をもった蝶や蛾に変身する。自然界では、このメタモルフォーゼ（変態）のプロセスは何百万年も前からＤＮＡに書き込まれているわけですが、私たち人間もこのようなメタモルフォーゼを遂げることができるのでしょうか。確証もなく、まったく未知のことですが、その可能性は否定できないと私は考えています。個人も社会も、自らを生成し、再生する力を備えているわけですから。

今朝のニュース番組で、人体の幹細胞を使った実験が可能になったと伝えていました。人間は脊髄や脳の中に幹細胞を持っているという事実が解明されたのは、たしか一、二年前のことです。幹細胞というのは人体のさまざまな細胞を生成することができる特殊な細胞で、すでにマウスの実験では、幹細胞を使い、損傷した心臓の再生に成功しています。このように、人間の身体には再生できる能力が備わっているのです。そして、総体としての人類にも、こうした再生能力があると私は考えたいと思います。

最後に、カール・マルクスの初期の作品の中にある素晴らしい表現をご紹介しましょう。彼は「ジェネリックな人間（l'homme générique）」という表現を使ったのですが、「ジェネティック（génétique）」すなわち生殖や遺伝の意味で用いたのではなく、「新しいものを生成あるいは創造する能力をもつ」という意味でこの語を用いています。しかしながら、今日、われわれ人類の生成し創造する能力は、弱まりつつある文明のなかで眠らされ、硬直したままになっています。人類の文明が危機に瀕したとき、あるいはきしみが出たり揺らいできたりしたときには、眠っていた再生・生成能力が再びよみがえる可能性があるはずです。現存するさまざまな危機、不安、脅威を乗り越えて、私たちはこの生成・再生能力を活性化しなくてはなりません。文明を再生しなくてはなりません――再生しないものはすべて退化していくのですから。芸術家や思想家にこの生成・再生能力があることを私たちは知っています。いかに社会から疎外され、孤立した存在であっても、彼らは人類のもっとも偉大な可能性と能力を秘めている。このことは間違いありません。

＊　　＊　　＊

根本　ありがとうございました。モランさんが二回続けて講演される機会は滅多にないと思うのですが、本当に、付け加えることは何もないお話を今回もしていただきました。

モランさんからいただいたテキストの中にこういう一節がありました。「二十世紀後半に顕著だった文化のグローバル化が進行し、二十一世紀に引き継がれていくだろう。また、西欧哲学の独占的・支配的な立場は大きく後退していくであろう。しかし、複数の哲学、とりわけ西欧と非西欧との壮大な出会いと共生、これはまだ実現していない」。まさにご指摘のとおりだと思います。

そうした西欧と非西欧の壮大な出会いと共生、それを実現するためには何十年もかかるかもしれませんが、私たちは、いままでバイラテラルなかたちで進められることが多かったこのような日欧会議の枠を越えたシンポジウムを開催することができた、そう密かに自負しております。そして、世界の中の日本とヨーロッパの——あるいはアジアとヨーロッパと言ってもよいのですが——対話を目指す真摯な試みとして、このシンポジウムが皆さまの記憶に残り、いつの日かまた思い出していただくことができれば、オーガナイザーとしてたいへん幸せです。以上をもって、閉会の言葉といたします。

あとがき

本書は、国際シンポジウム「グローバル化で文化はどうなる？——文化を巡る日欧の対話」（二〇〇三年二月十、十一両日、東京・千駄ヶ谷の津田ホールにて開催）の討議内容の再現を試みたものである。

第一日目は、四つの講演と座談会によって構成された。まず、「複雑性思考」の提唱者として知られるフランスの社会学者エドガー・モラン、シリア系ドイツ人の国際政治学者バッサム・ティビ、および加藤周一、辻井喬の四氏がそれぞれ、『越境する文化』の時代をむかえた地球」「ヨーロッパとイスラム——グローバル化と文化の細分化のはざまで」『アメリカ化』で問われる日欧のアイデンティティ」「日本におけるグローバリズムの諸相」というテーマで、独自の問題提起を試みた。続いて、ニュースキャスター切っての「アート人間」である筑紫哲也氏が、豊かなメディア経験に基づいて『内面の崩壊』か、『新しい価値の創造』か——デジタル時代の芸術文化の役割」をコーディネート、鮮やかな司会ぶりで聴衆を魅了した。

シンポジウム二日目は、分科会Ⅰ「異文化交流と言語の創造力」（司会＝三浦信孝）で始まったが、カリブ海出身の女流作家、マリーズ・コンデ氏が「予告された死の記録——カリブ海文学とグローバル化」というテーマで、被植民地の作家たちが宗主国文化への抵抗と越境の間を揺れ動いた複雑な軌跡を分析、聴衆に深い感銘を与えた。分科会Ⅰのパネリストは、コンデ氏のほかに、オーストリアのカール・アハム、韓国のイ・ヨンスク、平田オリザ、四方田犬彦の各氏。アジアの文化状況に強い平田、四方田両氏の発言は「アジアの中の日本」の実情を浮き彫りにし、ヨーロッパのパネリストたちの関心を集めた。

分科会Ⅱ「情報のデジタル化と文化の将来」（司会＝黒崎政男）の冒頭で、仏ル・モンド紙の記者で映画評論家のジャン＝ミシェル・フロドン氏が「映画の危機？――グローバル化・デジタル化と映像芸術の関係」と題する基調講演を行ない、映画の後退を認めながらも「文化批評として映画は存続する」と予言して注目を浴びた。分科会Ⅱのパネリストはフロドン、服部桂、柏木博、マーク・フェダーマンの各氏。天才的なカナダのメディア理論家マクルーハンの学風を継ぐフェダーマン氏は、「人間がインターネット時代をむかえて、個人のほかに新しい〈デジセルフ〉というアイデンティティを持つにいたった」と指摘し、この新語をめぐってパネリスト同士の間で活発な意見の応酬が行なわれ、「情報のデジタル化」の将来がさまざまな角度から論じられた。

以上で、二日間のシンポジウム日程はすべて終了し、最後に日欧双方の立場を代表して、全体の共同コーディネーターをつとめた根本長兵衛とエドガー・モラン氏がそれぞれ総括を試みた。根本はことに第一日の、EU内部でのイスラム移民の増大が、新しいかたちの西欧とイスラムの深刻な対立を醸成しつつあるというティビ教授の指摘や、二日目の分科会Ⅱで平田、四方田両氏の報告に注目し、このシンポジウムが従来の日欧対話の枠をこえて「北と南」「アジアの中の日本」の問題を含む大がかりなスケールになった事実を確認、その意義を強調した。モラン氏も、ヨーロッパ人は長い間、日本を極東の国とみなしてきたが、現在では科学技術では西欧を凌ぐ「極西の国」であると語り、その首都、東京で、芸術、科学、社会科学、文学、哲学といったさまざまな領域の代表が一堂に会して、国や固有の文化を超えてトランスカルチュラルな討議を行なった、とシンポジウムの成果を評価した。圧巻だったのは、総括に続いてモラン氏が自主的に、一日目の講演を敷衍する再度のスピーチを試みたことで、話題は「危機に瀕している地球と人類」から「地球規模のユマニスム」へと発展、壮年を凌ぐ力強い熱弁で盛大な聴衆の拍手を浴びた。

私事だが、根本にとってモラン氏は三十年来の知己であり、畏友である。今回のシンポジウム参加は、「第三回日仏文化サミット——文化と企業」（一九八四年）、「フランス革命二百年記念国際会議」（一九八九年）、「国際メセナ会議'95」（一九九五年）に次ぐ、根本が企画した国際会議への四度目の「友情出演」である。モラン氏の変わらぬ友情と協力に深い感謝を捧げたい。

トランスナショナルで、トランスディシプリナリー（超学問領域的）なこの異色のシンポジウムの実現は、まず、EU・ジャパンフェスト日本委員会事務局の箱田さおりさんをはじめとする三人の女性スタッフの一年にわたる献身的な努力と奔走なくしてはあり得なかった。また、社団法人企業メセナ協議会の同僚だった林はる芽さんと小池佐知子さんには、海外パネリストとの交渉から本書の編集まで、終始事務局の強力なサポーター役を演じていただいた。シンポジウム二日間にわたって同時通訳の仕事をこなした英仏通訳陣にもこの場を借りて感謝の意を表したい。さらに、本書の出版・上梓にあたってはひとかたならぬお世話をいただいた藤原書店の藤原良雄社長、刈屋琢両氏のご尽力に厚くお礼申し上げる。

しかし、困難なコーディネーターの仕事をよく理解し、力量不足の私を支え、絶えず励ましてくれたのは、文化の現状を憂える同志である古木修治事務局長である。同氏とともに、本書が一人でも多くの読者に読まれ、わが国における「文化立国のコンセンサス」形成に役立つことを真摯に念願している。

また、最悪の不況が長引くなかで、このような大がかりな国際会議が開催され、その詳細な報告書を一冊の書物として刊行することができたのは、ひとえに多数の企業が、いまの日本が直面する「文化の危機」の深刻さを十分に認識され、ＥＵ・ジャパンフェスト日本委員会の活動を力強くサポートして下さったからである。末筆ながら、本書の監修者として、これらの企業の支援・協賛に深謝申上げる次第である（巻末二八六頁に企業名リストを記載）。

二〇〇三年九月

国際シンポジウム「グローバル化で文化はどうなる？——文化をめぐる日欧の対話」

コーディネーター　**根本長兵衛**

FEBRUARY 11, 2003

Seminar I Intercultural Exchange and the Creativity of Languages

Globalization is not a post-cold war phenomenon, but its origin dates back to the European expansionism following the "Discovery of America" by Columbus ; slavery and the "triangular trade" across the Atlantic enabled modern capitalism to take off. Five centuries later, globalization, characterized by cross-border movements of capital, is now producing " creolization," i.e. the intercultural contact and cultural hybridization due to mass migration, or large-scale cross-border movement of people. This session attempts to investigate the question of creolization to find some principles to oppose the standardization of culture caused by globalization, and also to reflect upon the creativity of languages and literature, taking "cross-border" and "hybridity" as the keywords. Discussion will be centered upon such issues as : modernization and tradition, language of "Self" and language of "Other," novels, theater and film, clash of civilizations and building bridges between different cultures. **[Nobutaka Miura]**

[Lecture]

Maryse Condé | Novelist ; Professor, Columbia University

Chronicle of an Announced Death : Caribbean Literature and Globalization

[Discussion]

Moderator : **Nobutaka Miura** | Professor, Chuo University

Panelists : **Karl Acham** | Professor, University of Graz

Maryse Condé | Novelist ; Professor, Columbia University

Oriza Hirata | Playwright ; Stage Director ; Associate Professor, Obirin University

Lee Yeounsuk | Professor, Hitotsubashi University

Inuhiko Yomota | Professor, Meiji Gakuin University

Seminar II Digitization of Information and the Future of Culture

The technological innovations of the computer-age (multimedia, Internet, IT, etc.) are generally based upon "digitization of information." Digital technology sets every kind of information free from its material confinement, for example, separating literature from paper, cinema from film, and then reduces it to the form of 0 and 1, or digitizes it. Each medium such as books, photographs, audio, cinema, etc. devoid of its particular, material characteristics, has become information flying instantaneously over the Net. Will the specific culture and world created by the traditional media be dismantled in the future? Or will they find their own way to survive? Discussion will cover a wide range of topics : Internet's influence on globalism, McLuhan's theory, print media or books, cinematographic culture, etc. **[Masao Kurosaki]**

[Lecture]

Jean-Michel Frodon | Journalist ; Film Critic

Cinema in a Critical Position : The Cinematographic Art Facing the New Relation with Reality in the Context of Globalization and Digitization

Moderator : **Masao Kurosaki** | Professor, Tokyo Woman's Christian University

[Discussion]

Panelists : **Jean-Michel Frodon** | Journalist ; Film Critic

Katsura Hattori | Journalist ; Technology and Medicine Division, The Asahi Shimbun

Hiroshi Kashiwagi | Professor, Musashino Art University

Mark Federman | Chief Strategist, McLuhan Program in Culture and Technology, Adjunct Professor, University of Toronto

Overview

Edgar Morin with **Chobei Nemoto**

FEBRUARY 10, 2003

[Opening Address]

Shuji Kogi | Secretary General, EU-Japan Fest Japan Committee

Michael Reiterer | Minister, Delegation of the European Commission in Japan

[Opening Lectures]

Shuichi Kato | Art and Literary Critic

Japan's and Europe's Identity Challenged by Americanization

Bassam Tibi | Professor, University of Göttingen

Europe and the Islamic Challenge : Between Global Structures and Cultural Fragmentation

Edgar Morin | Sociologist

Transcultural Planet

Takashi Tsujii | Poet ; Novelist

Some Aspects of Globalism in Japan

[Roundtable]

"Psychological Disintegration" or "Creation of New Values"?
——The Role of Arts and Culture in the Digital Age

Under the overwhelming influence of the progress of digital culture and image-centered mass media, the monopoly position of "print media" which has provided the foundations for culture over the centuries, is being seriously undermined. But on the other hand, the IT revolution, leading the way to a global network of independent, citizen-to-citizen communication and prompting a new type of arts and culture, is also expected to regenerate "values" and "humanity." Today's culture is thus undergoing a momentous transition. How should we see and interpret this transformation of culture? The intellectuals and experts on cultural issues from overseas as well as from Japan will exchange their views on this question. The moderator is Mr. Tetsuya Chikushi, one of the most "art-loving" newscasters in Japan.

Moderator : **Tetsuya Chikushi** | Journalist

Panelists : **Karl Acham** | Professor, University of Graz

Oriza Hirata | Playwright ; Stage Director ; Associate Professor, Obirin University

Masao Kurosaki | Professor, Tokyo Woman's Christian University

Chobei Nemoto | Program Director, EU-Japan Fest Japan Committee
Professor, Kyoritsu Women's University

Bassam Tibi | Professor, University of Göttingen

The EU-Japan Fest 10th Anniversary Commemorative Symposium

The Role of Culture in an Age of Advancing Globalization

EU-Japan Dialogue on Culture

February 10th & 11th, 2003
Tsuda Hall, Tokyo

Organized by
EU-Japan Fest Japan Committee
with the cooperation of
Delegation of the European Commission in Japan

執筆者紹介

カール・アハム(Karl Acham)　グラーツ大学社会学科教授。1939年生まれ。西洋思想史、理論社会学、文化社会学。

筑紫哲也(ちくし・てつや)　ジャーナリスト、元朝日新聞記者。1935年生まれ。『多事争論』、『筑紫哲也の現代日本学原論』など。

マリーズ・コンデ(Maryse Condé)　作家、前コロンビア大学フランス語学科教授。比較文学。『私はティチューバ――セイラムの黒人魔女』、『生命の樹』など。

マーク・フェダーマン(Mark Federman)　マクルーハンプログラム・チーフストラテジスト、トロント大学助教授。メディア論。*McLuhan for Managers : New Tools for New Thinking*(共著)など。

ジャン=ミシェル・フロドン(Jean-Michel Frodon)　ジャーナリスト、映画批評・映画史家。1953年生まれ。『映画と国民国家』など。

服部　桂(はっとり・かつら)　ジャーナリスト、朝日新聞・編集局科学医療部。1951年生まれ。『人工生命の世界』、『メディアの予言者』、訳書に『デジタル・マクルーハン』など。

平田オリザ(ひらた・おりざ)　劇作家、演出家、桜美林大学文学部総合文化学科助教授。1962年生まれ。『東京ノート』、『芸術立国論』など。

柏木　博(かしわぎ・ひろし)　武蔵野美術大学造形学部美学美術史学科教授、デザイン評論家。1946年生まれ。『近代日本の産業デザイン思想』、『デザインの二十世紀』、『芸術の複製時代』など。

加藤周一(かとう・しゅういち)　評論家、作家。1919年生まれ。『日本文学史序説』、『加藤周一著作集』(全24巻)、講演集『常識と非常識』など。

黒崎政男(くろさき・まさお)　東京女子大学文理学部哲学科教授。1954年生まれ。哲学。『デジタルを哲学する』、『カント「純粋理性批判」入門』、『カオス系の暗礁めぐる哲学の魚』、『哲学者はアンドロイドの夢を見たか』など。

イ・ヨンスク(Lee Yeounsuk)　一橋大学大学院言語社会研究科教授。社会言語学。『体験としての異文化』(共著)、『「国語」という思想』など。

三浦信孝(みうら・のぶたか)　中央大学文学部教授。1945年生まれ。フランス文化社会論。『多言語主義とは何か』、『言語帝国主義とは何か』、『普遍性か差異か』(以上編著)、訳書に『越境するクレオール――マリーズ・コンデ講演集』など。

エドガー・モラン(Edgar Morin)　社会学者、フランス社会科学高等研究院・学際研究所元所長。1921年生まれ。『方法』(全5巻、第4巻まで刊行)、『複雑性とはなにか』、『祖国地球』など。

根本長兵衛(ねもと・ちょうべい)　前共立女子大学総合文化研究所教授、ＥＵ・ジャパンフェスト日本委員会プログラムディレクター。1932年生まれ。『フランス』(監修・共著)、訳書に『シモーヌ・ヴェーユ著作集』など。

バッサム・ティビ(Bassam Tibi)　ゲッティンゲン大学政治学研究所教授。1944年生まれ。国際関係論、イスラム研究。*Islam between Culture and Politics, The Challenge of Fundamentalism : Political Islam and the New World Disorder* など。

辻井　喬(つじい・たかし)　詩人、作家。(財)セゾン文化財団理事長、日本ペンクラブ副会長。1927年生まれ。詩集『わたつみ』3部作、『虹の岬』、『風の生涯』など。現在『辻井喬コレクション』(全8巻)を刊行中。

四方田犬彦(よもた・いぬひこ)　明治学院大学文学部芸術学科教授。1953年生まれ。映画史・映画論など。『映画史への招待』、『電影風雲』、『日本映画史100年』など。

(アルファベット順)

EU・ジャパンフェスト日本委員会について

1993年、日欧間の貿易摩擦が深刻な政治問題に発展していたころ、芸術文化にかかわる日欧の共同事業「EU・ジャパンフェスト」がスタートしました。

「文化や芸術を通して、一人一人が生きることを見つめ、考えることにつながる」活動をめざし、パートナーである毎年の欧州文化首都や日欧の文化や芸術に携わる機関とともに以下の基本方針のもと、さまざまなプログラムに取り組んでいます。

委員長　関本忠弘（国際社会経済研究所理事長）

実行委員長　伊藤周男（パイオニア株式会社社長）、岸本正壽（オリンパス株式会社会長）

〒102-0084　千代田区二番町4-1-5F

TEL：03-3288-5516／FAX：03-3288-1775

E-mail：eu-japan@nifty. com／URL：www. eu-japanfest. org

■活動の基本方針

1. 伝統文化を守ると同時に進化させる活動を支援する
2. 若者の才能や特性に敏感になり、必要な支援をおこなう
3. 評価の定まっていない芸術のかたちにもその立場を認め支援する
4. グローバリゼーションの進行する中、芸術文化、精神文化の創造的活動を支援する
5. 芸術文化の現場にいる人々の国際的ネットワークの構築と共同作業を支援する

■国際シンポジウムおよび本書の出版に際して、以下の企業にご支援・ご協賛いただきました。

委員会メンバー企業

日本電気株式会社、オリンパス株式会社、パイオニア株式会社、富士ゼロックス株式会社、トヨタ自動車株式会社、株式会社資生堂、キッコーマン株式会社、ダイキン工業株式会社、旭硝子株式会社、日本郵船株式会社、鹿島建設株式会社、シャープ株式会社、大日本印刷株式会社、清水建設株式会社、凸版印刷株式会社

一般企業

株式会社アサツーディ・ケイ、株式会社バンダイ、郵船航空サービス株式会社、株式会社創通エージェンシー、日本興亜損害保険株式会社、東京海上火災保険株式会社、三井住友海上火災保険株式会社、本田技研工業株式会社、野村證券株式会社、稲畑産業株式会社、株式会社小糸製作所、矢崎総業株式会社、日興コーディアル証券株式会社、ミツイワ株式会社、株式会社東芝、日本ケミコン株式会社、菱電商事株式会社、ミツミ電機株式会社、セーレン株式会社、アルプス電気株式会社、ローム株式会社、電気化学工業株式会社、株式会社リョーサン、株式会社ユーエスシー、株式会社日立セミコンデバイス、オリックス株式会社、株式会社村田製作所、三菱電機株式会社、東京電力株式会社、日本電信電話株式会社、関西電力株式会社、住友軽金属工業株式会社、レンゴー株式会社、株式会社住友倉庫、近畿日本鉄道株式会社、松下電器産業株式会社、日東電工株式会社、三洋電機株式会社、鐘淵化学工業株式会社、株式会社クラレ、日本生命保険相互会社、サントリー株式会社、村田機械株式会社、住友電気工業株式会社、オムロン株式会社、西日本旅客鉄道株式会社、上野製薬株式会社、大阪ガス株式会社、ホテルニューオータニ、エールフランス航空、フォルクスワーゲン グループ ジャパン株式会社、ダイムラー・クライスラー日本ホールディング株式会社、バイエル株式会社、ウシオ電機株式会社、日本通運株式会社、松下電工株式会社、株式会社損害保険ジャパン、テルモ株式会社、東芝デバイス株式会社、株式会社セブン－イレブン・ジャパン株式会社、日本ガイシ株式会社、旭化成株式会社

その他

駐日欧州委員会代表部、外務省、朝日新聞社、（株）東京放送

（順不同／2002年1月～2003年9月実績）

グローバル化で文化はどうなる？——日本とヨーロッパの対話

2003年11月30日　初版第１刷発行©

監修者　根本長兵衛

編　者　EU・ジャパンフェスト日本委員会

発行者　藤原良雄

発行所　株式会社 藤原書店

〒162-0041　東京都新宿区早稲田鶴巻町523
電　話　03（5272）0301
FAX　03（5272）0450
振　替　00160-4-17013

印刷・製本　モリモト印刷

落丁本・乱丁本はお取替えいたします
定価はカバーに表示してあります

Printed in Japan
ISBN4-89434-362-2